CINE DE ZOMBIS Y FANTASMAS

CINE DE ZOMBIS Y FANTASMAS

Adolfo Pérez Agustí

Son tan terroríficos que ni siquiera aparecen en nuestros sueños más espantosos, y aunque las leyendas populares les suelen definir con bastante precisión, al menos en cuanto a su capacidad para devorar, descuartizar y, en suma, matar a los infelices humanos que se ponen por delante, solamente el cine ha sido capaz de hacerles realidad.

Los zombis, los fantasmas y el resto de los engendros, poseen un aspecto tan desquiciado como su comportamiento, siendo casi imposible encontrar entre ellos a alguien tan seductor como, por ejemplo, Drácula, el icono del cine de terror. Y aunque dicen que sobre gustos (y disgustos) no hay nada escrito, resulta difícil encontrar a un bello ejemplar en ese muerto viviente que avanza hacia nosotros con los ojos fuera de sus órbitas pidiendo morder un cerebro fresco; o en Freddy Krueger, el más gamberro de todos, quien cuando entra en nuestros sueños disfruta resbalando por las paredes su afilada garra. Afortunadamente los hay que llevan caretas que ocultan su deformado rostro, aunque sabemos que lo que esconden es aún más horrible que aquello que muestran. Como ejemplos de ello tenemos a Jason y Michael Myers, dos monstruos que en su día fueron humanos, y que solamente una anormal vida anterior les hizo tan malvados e imaginativos en el incruento arte de matar.

Decididamente maliciosos y con deseos de introducirse literalmente en nuestras vidas y cuerpos, estos monstruos creados por la imaginación de escritores y guionistas de mente fértil suelen ser muy torpes, por lo que huir de ellos solamente es cuestión de tener buenas piernas, salvo que antes nos las hayan cortado con un oxidado machete. Por ello, y por si acaso los encontramos un día en cualquier esquina, vamos a repasar ahora aquellos que ya figuran en todas las buenas galerías del terror, esencialmente las que se pueden ver cuando estamos cómodamente sentados y protegidos en la sala de un cine.

"La emoción más antigua
y más intensa
de la Humanidad
es el miedo,
y el más antiguo
y más intenso de los miedos
es el miedo
a lo desconocido"

Howard Phillips Lovecraft

Zombis

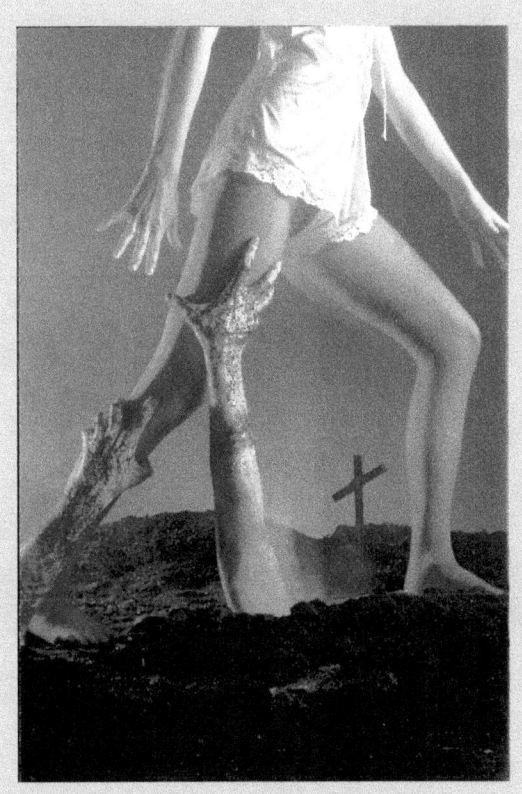

De entre las muchas criaturas con aspecto horrible, algunas solamente presentes en las leyendas y la imaginación popular, los zombis son las de más reciente implantación, siendo infrecuente encontrar referencias de ellos en la literatura anterior al siglo XX. Por lo que sabemos, un zombi es físicamente idéntico a un ser humano normal (bien, algo más feo, lo reconozco), pero completamente desprovisto de inteligencia, educación y sentido de la decencia; lo mismo le da comer a una ancianita que a una guapa chica mientras se ducha. Anteriormente podían haber sido incluso Testigos de Jehová, o abogados sagaces, e incluso seguro que muchos fueron en sus años gloriosos bellas señoritas de pechos al alza. Sin embargo, cuando cayeron en desgracia al ser mordidos por otro zombi, su mente se dislocó tanto como sus andares, y así no hay manera de darles un beso para que entren en razón.

El zombi es un no-muerto con aspecto humano, pero cuyo cerebro solamente sigue las órdenes de su instinto y en ocasiones de su amo. Sedientos de comer carne humana viva, caminan lentamente por las ciudades en busca de un vivo con el que calmar su hambre insaciable, siendo inmunes a los golpes y a las balas, por lo que solamente se les puede matar quemándoles, cortándoles la cabeza o tirándoles sal a los ojos (sobre esto último no estoy seguro).

Una referencia muy interesante sobre su existencia procede de la Biblia, al menos si interpretamos literalmente esa frase que dice: "Tomad y comed, ésta es mi carne; tomad y beber, ésta es mi sangre", atribuida inicialmente a Jesús durante la última cena. Bien, si hay quien nos llama sacrílegos por este razonamiento le podemos preguntar la razón por la cual Jesús fue el único que volvió de entre los muertos y también el único que consiguió volver a la vida a Lázaro, posiblemente el primer zombi de la historia.

Conjeturas aparte, ahora la gente emplea la palabra zombi más acertadamente, pues se dice de quien anda como dormido, aunque en Haití se sigue empleando para aquellos que se creen ser muertos vivientes y para los niños que mueren antes de ser bautizados. No obstante, el miedo a que los muertos salgan de sus tumbas vistiendo sus harapos y mortajas sigue presente, y hay pocas personas que se atrevan a entrar solas de noche y con luna llena en un cementerio. Solamente el alcohol y la compañía de otras personas, les infunde el valor necesario para hacerlo. Especialmente peligroso es hacerlo durante el día de los difuntos o en Halloween, pues dicen que quien se encuentre con un zombi y le mire a los ojos se convertirá inmediatamente en otro muerto viviente.

Lo cierto es que la medicina posee numerosos ejemplos de personas muertas que han recobrado la vida inesperadamente e incluso cuando estaban ya en su ataúd, lo que demuestra que el concepto zombi no es producto de la fantasía. Numerosas drogas producen un efecto de catalepsia, y en la India es frecuente que se emplee para someter a los disidentes o para enterrar con vida a los parientes de un difunto poderoso. También hay quien asegura que ese fue el método empleado para traer a la mayoría de los esclavos africanos a Europa y América, especialmente a los más fuertes y rebeldes.

La técnica herbaria que se emplea para convertir a un vivo en un zombi es la siguiente: se mezclan varias plantas alucinógenas (opio, digital, etc.) en dosis suficientes como para inducir a un estado letárgico al infeliz, además de un pez que solamente vive en aguas de Hawai y una flor de datura (estramonio) pulverizada, adquiriendo en ese momento el nombre de polvo de concobre. Esa poción es suficiente para dejar a la persona dormida profundamente durante varias horas, y cuando se despierte se encontrará con un estado mental de profunda confusión y docilidad. Con el paso de los días la víctima perderá el pelo, el apetito, se quedará pálida como un muerto y su metabolismo será tan bajo que su piel estará fría. Pronto dejará de respirar y será considerado como muerto y por tanto enterrado. Si todo está debidamente planeado, el ataúd será lo suficientemente grande como para que pueda respirar cuando sus pulmones comiencen a moverse, lo que sucede después de cuatro o cinco días. Cuando se despierte y si hay alguien que se encargue de abrir el ataúd, se levantará con un aspecto similar a cuando había muerto, aunque con la mortaja aún en su cara.

Esto es lo que se dice, pero ahora sabemos que las personas que fueron enterradas bajo los efectos del concobre oían lo que sucedía a su alrededor, pero no podían moverse ni articular palabra. Ellos recuerdan los lloros de los familiares, los martillazos cerrando el ataúd y hasta la tierra cuando se les enterraba en el cementerio. Lógicamente, esa experiencia tan aterradora les desequilibraba y cuando les sacaban su aspecto era horripilante y sobrecogedor. Pero un nuevo problema aparecía días después, cuando esa persona conseguía recobrar sus facultades, pues sus deseos de venganza eran tan intensos que no se paraba ante nada ni nadie. Si a su lado estaba alguien muy sagaz, le decía quién era el culpable de su estado, siempre un inocente, y así lograba que el zombi quitara de en medio a un enemigo.

VARIEDADES DE ZOMBIS

Hay tres tipos diferentes de zombis, pero aunque todos ellos conservan ciertas cualidades humanas, siempre les falta algo crucial, siendo diferente en cada caso.

-ZOMBIS DE HOLLYWOOD.
Éstos se encuentran en películas de serie B y el rasgo que les define es que están muertos, pero "reanimados", y son aficionados a la carne humana. Hay quien asegura que el nombre debe ser "zombis de Pittsburg", pues las películas de zombis más importantes se hicieron en esa ciudad.

-ZOMBIS HAITIANOS.
Pertenecen a la brujería o vudú de la tradición haitiana. Parece ser que carecen de pensamiento libre, y quizá incluso no poseen alma porque emigró hace tiempo. Los zombis haitianos fueron anteriormente personas normales, pero sufrieron una transforma-

ción a causa de unas drogas o hechizos, siendo usados posteriormente como esclavos.

-Zombis filosóficos.

Éstos se encuentran en algunos escritos del Egipto antiguo, refiriéndose a ellos como espíritus encarnados inadecuadamente, por lo que carecen de conciencia, aunque su aspecto exterior es como un humano vivo.

Estas tres clases diferenciadas no se mezclan entre sí, pues los zombis de Hollywood y los haitianos no son zombis filosóficos ya que tienen deteriorada la conciencia, aunque comparten algunas características como su aspecto externo. Igualmente, los zombis filosóficos y haitianos no son zombis hollywoodenses, ya que no comen carne y están discutiblemente vivos, aunque hay quien sostiene que los haitianos están muertos. En definitiva, a los zombis filosóficos y hollywoodenses les falta el raciocinio, por lo que podría ser que estos últimos sean una versión de los haitianos.

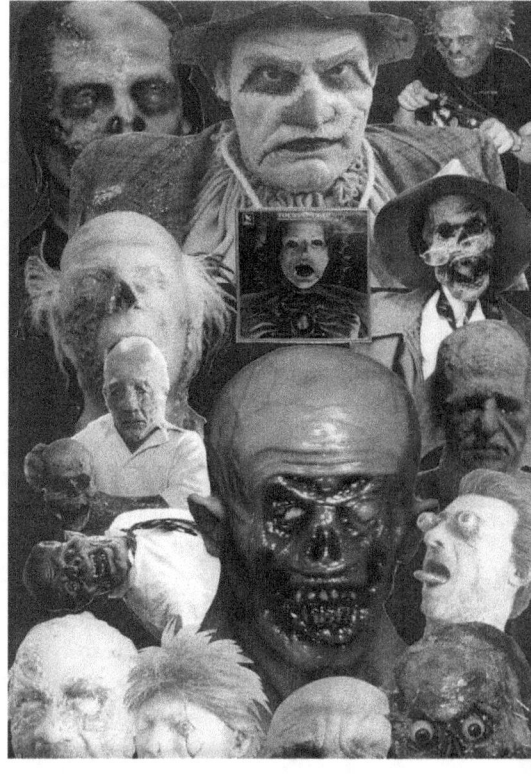

La mayoría de las personas dudan que los zombis puedan existir en el mundo real, pero por lo menos admiten que la idea no es descabellada. Científicamente podríamos considerar la posibilidad de su existencia bajo un punto de vista funcional, un sistema no-consciente físicamente y diferente a los humanos pero funcionalmente isomórfico, esto es, misma estructura molecular e igual forma cristalina. Por ejemplo, un sistema basado en el silicio en lugar de neuronas. Algunos van más allá e insisten en que los zombis funcionales incluso podrían existir en el mundo real y sugieren que puedan tener algunas funciones mentales.

GEORGE ROMERO

Nacido en el Bronx (Nueva York), el 4 de febrero de 1940, Romero empezó haciendo sus primeras películas en 8 mm mientras era todavía un adolescente. Estudiante de pintura y teatro, se graduó en el Instituto Carnegie-Mellon en Pittsburg, además de conseguir la licenciatura en Filosofía y Letras.

En esta misma ciudad fundó la compañía Latent Image, con el fin de producir películas industriales y anuncios para la televisión. En 1967 se asoció con otro productor de la misma ciudad para crear la Hardman Associates, una productora de películas de terror de bajo presupuesto que esperaba le servirían para afianzarse en la industria cinematográfica. Su logro más sobresaliente fue *La noche de los muertos vivientes* (Night of the Living Dead), filmada con poco más de cien mil dólares y en blanco y negro, pero que logró convertirse en un clásico indiscutible del terror y del cine

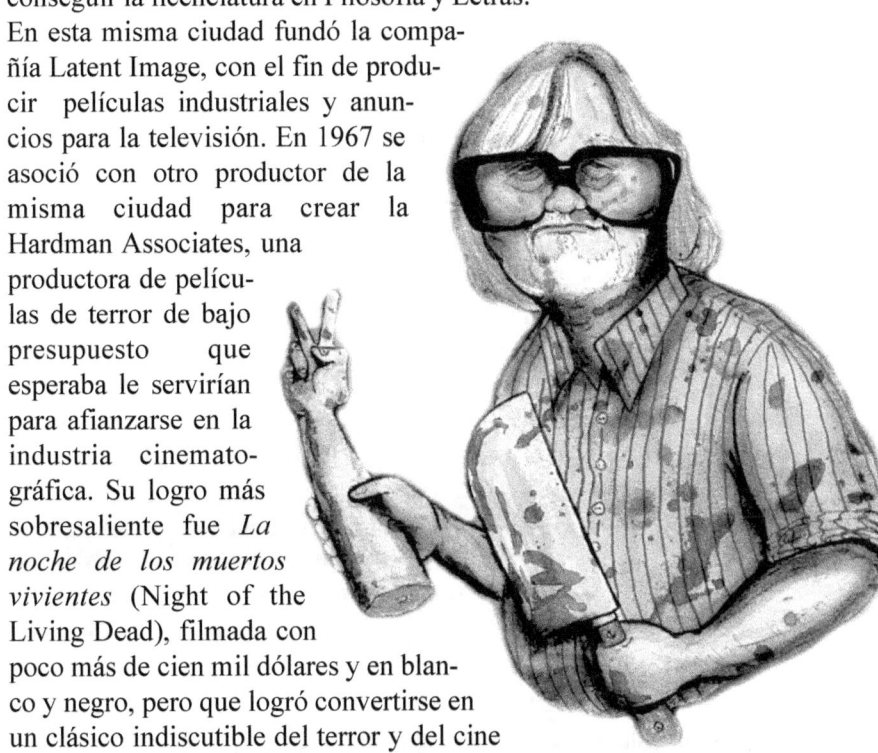

independiente en general. Con una historia simple en la cual los muertos salen de sus tumbas sin ninguna explicación científica, y con un reducido grupo de personas refugiadas en una casa para resistir el ataque de los zombis, las escenas de terror asombraron a los espectadores.

Romero detesta ser etiquetado como un director de cine con mensaje, pero aunque lo niegue sus filmes tienen mensajes, y es difícil creer que esas señales tan claras no obedezcan a una planificación. *La noche de los muertos vivientes*, como la mayoría de sus películas, tiene un mensaje amargo, cínico, en donde se demuestra que personas aparentemente insignificantes logran sobrevivir mejor que otras supuestamente poderosas o triunfantes. Después del éxito de la película (aunque parece ser que no ganó apenas nada de dinero), realizó "Theres always Vanilla" y "Season of the Witch" en 1972 y 1973 respectivamente, dos películas que posiblemente ni siquiera fueron estrenadas. También realizó en 1973 "Contaminator" (The Crazies) una película mediocre sobre los efectos de un envenenamiento químico en un pequeño pueblo de Pensilvania, que tampoco funcionó económicamente.

En 1978, 10 años después de *Night of the Living Dead*, Romero volvía con nuevos bríos con el filme *Martin*, una buena película de vampiros repleta de sangre y vísceras, continuando con la magnífica *Zombi* (Dawn of the Dead), la segunda entrega de la saga de los muertos vivientes, con una buena producción y una critica social añadida. Con *Day of the dead* (1985) Romero quiso ir más lejos, e intentó producir una epopeya del mundo zombi, en donde las personas supervivientes se plantearan la necesidad de destruir al verdadero zombi, el ser humano. Pero esta visión apocalíptica no fue bien acogida, y sus sueños de gloria se apagaron con rapidez. Nadie quería volver a invertir dinero en un proyecto de Romero, pasando paradójicamente a ser considerado un director de culto.Hay quien asegura que la cuarta entrega está ya en rodaje, pero esto lo llevamos oyendo desde hace años, así que mucho me temo que no habrá una cuarta película de zombis dirigida por él, aunque todavía podemos localizar una película llamada *Bruiser* (2001), que fue estrenada en el festival de Cannes. De Romero también recordamos "Knightriders" (1981), sobre unos guerreros medievales en motocicletas llegados en una máquina del tiempo, así como la interesante "Creepshow" (1982), que tuvo una secuela cuyo guión también le pertenece. Paradójicamente, la parodia *The return of the Living Dead* (1985), basada en sus películas, y que toma muchos de los detalles de ellas, consiguió un triunfo mayor que *Day of the dead.* Tampoco lograron éxito "Monkey shines" de 1988 y "The dark Alf" de 1993, ambas cintas correctas, pero no que consiguieron afianzar la fama que tenía en el cine de terror. Ello le condujo a la triste situación de no rodar ningún filme durante los siguientes ocho años, siendo su proyecto más frustrado la adaptación a la gran pantalla del juego Resident Evil, el cual consideraba como un plagio de sus películas. También fue entrevistado para dirigir la nueva versión de "La Momia", debiendo de conformarse con el filme *Bruiser* que ni siquiera se estrenó en la pantalla grande. Finalmente, quizá podamos asistir a su vuelta gloriosa al cine con su adaptación de la novela de Stephen King "The Girl who Loved Tom Gordon".

FILMOGRAFÍA ESENCIAL

Nigth of the living dead (1968)
Day of the dead (1985)
Martin (1978)
Dawn of the dead (1978)
Code name Trixie (1973)
Hungry Wives (1972)
Creepshow (1982)
Monkey shines (1988)
The dark Alf (1993)
Two evil eyes (1990)
Nigth of the living dead (1990) Guión
The Ill (2002)
Land of the dead (2005)

PELÍCULAS DE ZOMBIS

ME CASÉ CON UN ZOMBI
I Walked with a Zombie (1943)

Director: Jacques Tourneur
Guión: Charlotte Bronte
Basado en la novela de: Jane Eyre

Intérpretes:
JAMES ELLISON: Wesley
FRANCES DEE: Betsy
TOM CONWAY: Tom

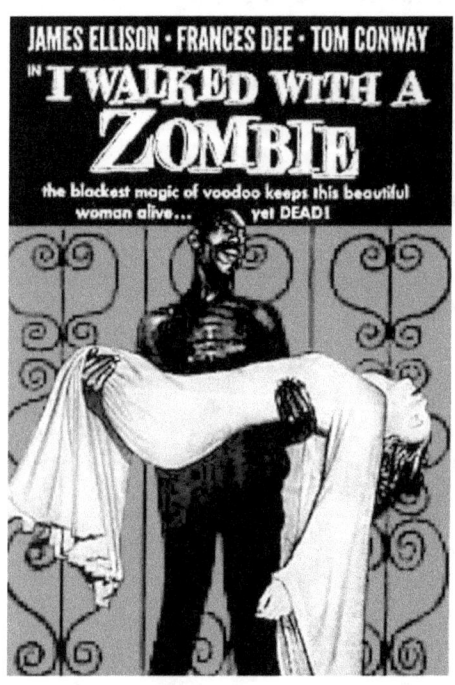

La bella Betsy Connell es una enfermera contratada para cuidar a Jessica, la esposa inválida de Paul, el dueño de una plantación de azúcar en la isla de San Sebastián en el Caribe oriental. Oficialmente, la enfermedad que padece Jessica es el resultado de una fiebre tropical rara, tan feroz que quemó su sistema nervioso y la dejó sin mente. Los nativos de la isla, sin embargo, creen que su estado es el resultado de una maldición de brujería, y que ella se ha transformado en un zombi, ni viviente ni muerto. Después de unos días, Betsy se da cuenta que la historia es mucho más complicada de lo que ella había imaginado. Uno de los mayores méritos del filme es el guión, específicamente el magnífico diálogo. También es muy acertado el uso de las luces y sombras por parte de Jacques Tourneur, siendo capaz de recrear con efectividad la atmósfera de terror, lo mismo que ocurre con los decorados de estilo gótico. El sonido también se usa con efectividad para agudizar el efecto sombrío de las noches, con los tambores de los nativos retumbando, creando entre todos estos elementos un ambiente intenso en esta historia ambientada en tierras del Caribe.

LA NOCHE DE LOS MUERTOS VIVIENTES
Night of the living dead (1968)

Productor: Russell Streiner y Karl Hardman
Director: George Romero
Guión: John A. Russo
Basada en la historia de: Romero
Fotografía: George Romero
Efectos especiales: Regis Survinski y Tony Pantanello

Intérpretes:
JUDITH O´DEA: Bárbara
DUAN JONES: Ben
KEITH WAYNE: Johnny.
KARL HARDMAN: Harry Cooper
KEITH WAYNE: Tom
JUDITH RIDLEY: Judy

La película que lanzó a la fama a su director y le convirtió, de la noche a la mañana, en uno de los mejores realizadores del cine de terror. Con un sorpresivo argumento, el uso inteligente del blanco y negro, actores desconocidos, y una música apenas perceptible, esta obra de Romero es ya un clásico en el género. El

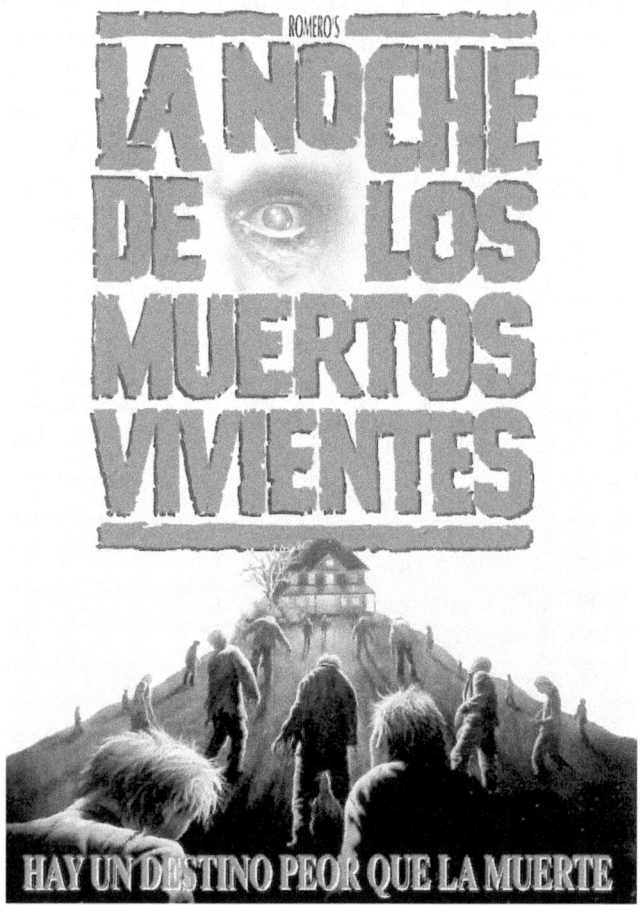

ambiente claustrofóbico se contagia al espectador desde los primeros instantes, haciéndole víctima virtual de los acontecimientos insólitos. El mismo director realizó, aunque fue dirigida por otro, 22 años después una nueva versión en color, bastante fiel al original, que ya no tuvo apenas repercusión entre los aficionados, a pesar de estar hecha con casi la misma corrección que la primera.

La historia comienza bruscamente, con Bárbara y su hermano Johnny siendo atacados por un hombre extraño mientras visitaban la tumba de su padre en un cementerio remoto. Ella consigue librarse y huye a una granja abandonada, encontrándose con Ben, a quien también le han perseguido esos extraños seres. Pronto organizan la defensa y fortifican la casa clavando tablas encima de las puertas y ventanas, aunque Bárbara no participa por haber perdido el juicio a causa del susto.

Mientras trabaja, Ben explica que la mayoría de los pueblos cercanos están infectados por esos maníacos, y muchas personas han sido asesinadas por ellos. Después de afianzar la puerta y el suelo, descubren que un grupo de personas estaban ocultas desde el principio en el sótano, dirigidas por un hombre llamado Harry Cooper. Allí están también su esposa Helen Cooper y una pareja de adolescentes, Tom y Judy, a quien ya han mordido las criaturas. Ella pronto se transformará en un nuevo muerto-viviente, algo que obligará a sacrificarla para impedir nuevos contagios.

Las noticias de la televisión anuncian que las personas asesinas no son locos, sino muertos que han regresado a la vida para comer carne humana con la cual vivir. Encerrados en esa casa, los miembros de ese pequeño grupo se preparan para sobrevivir.

NO PROFANAR EL SUEÑO DE LOS MUERTOS (1974)

Director: Jorge Grau
Guión: Sandro Continenza, Marcello Coscia
Efectos especiales: Gianetto De Rossi, Luciano Bird

Intérpretes:
RAY LOVELOCK: George
CRISTINA GALBÓ: Edna
ARTHUR KENNEDY
ALDO MASSASSO

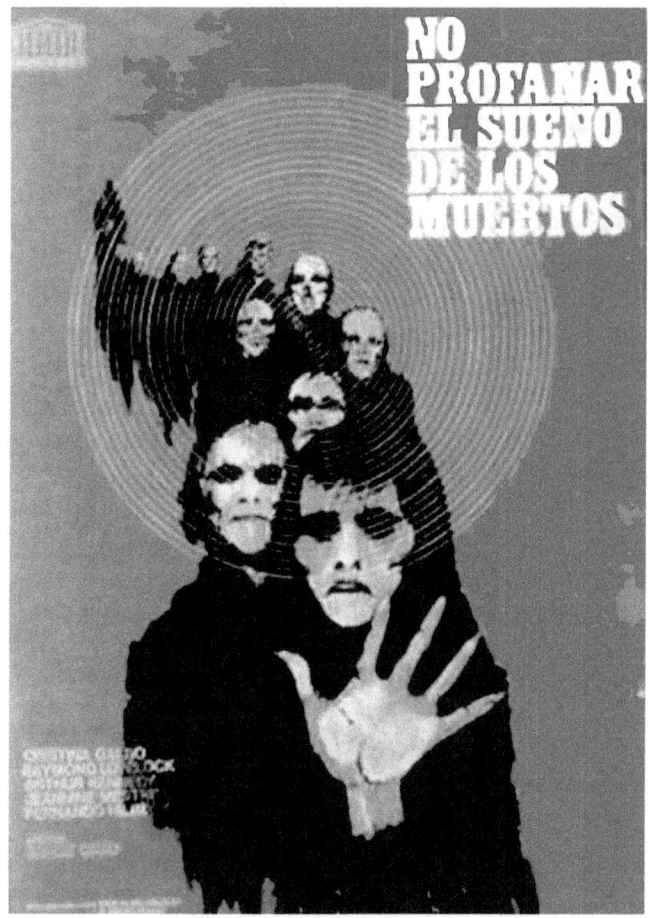

Las escenas de apertura de este filme, mostrando un muerto
viviente en el depósito de cadáveres de Manchester, pusieron el
tono adecuado para esta película de zombis. George busca anti-
güedades para llevarlas a una fiesta, al mismo tiempo que una
melodía inquietante le acompaña mientras viaja en motocicleta a
través de las calles de la ciudad. Jorge Grau nos muestra entonces con cierto detalle la suciedad ambiental en una ciudad muerta, con las personas moviéndose como robots, enlazando con la
visión de George detenido ante un semáforo con su luz roja,

momento en que una mujer desnuda corre en dirección a su trágico destino. Después le vemos ya fuera de la ciudad, en dirección al campo, haciendo un alto en su camino al ver a una mujer llamada Edna que está repostando en su pequeño vehículo. Le pide que le lleve para alejarse de esa ciudad muerta, aunque las sombras del anochecer les hacen perderse y llegan hasta una granja abandonada. Allí se dan cuenta de que los muertos vivientes están siendo exterminados por una máquina agrícola experimental que emite una extraña radiación ultrasónica. En ese momento Edna es atacada por un zombi, comenzando entonces una desenfrenada carrera para no ser devorados por esos engendros hambrientos de carne.

Jorge Grau consiguió cierto renombre internacional por este filme, y posteriormente se especializó en el cine de terror. El argumento que nos muestra tiene tintes ecológicos, ya que nos avisa de los peligros de manipular la naturaleza. Disponiendo de un presupuesto mínimo y aunque se inspira sin rubor en *La noche de los muertos vivientes*, la correcta actuación de los protagonistas, en especial Cristina Galbó y Arthur Kennedy, logran proporcionar una más que meritoria obra que, sin embargo, no consiguió la trascendencia que se merecía.

LA VENGANZA DE LOS ZOMBIES
Sugar Hill (1974)

Director: Paul Maslansky
Guión: Tim Kelly

Intérpretes:
MARKI BEY: Sugar
DON PEDRO COLLEY: Barón Samedi
ROBERT QUARRY: Morgan

El dueño de un night club de moda es asesinado a palos por los hombres de Morgan, un gangster local, al negarse a venderle su próspero negocio. Su novia, Sugar Hill, fotógrafa de modelos,

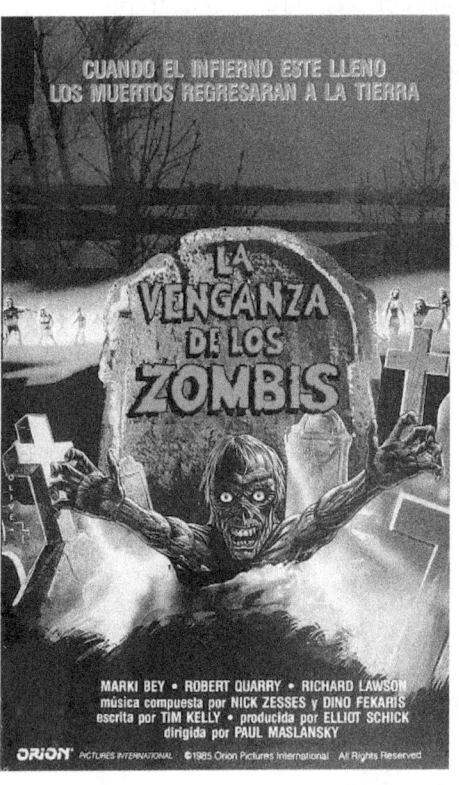

desconfiando del trabajo de la policía, emprende su propia venganza contra los gángsteres contactando con una vieja sacerdotisa vudú, quien invocará al barón Samedi, un semidiós que levantará una horda de esclavos muertos para ejecutar las órdenes de Sugar.

Nos encontramos ante una mezcla rara de varios temas de horror, y aunque no excesivamente bien cuidada nos proporcionan algunas escenas interesantes con los zombis en los cementerios sedientos de venganza. Quien les conduce es precisamente la novia del asesinado, aunque para lograr su control previamente ha debido vender su alma. Después nos muestran uno por uno todos los asesinatos, con lo cual tenemos ya una película de acción, con carreras y muchos disparos. Cuando todo parece enfriarse nos sacan escenas de humor, además de una música tradicional de los años 70.

ZOMBI
Dawn of the dead (1978)

Efectos especiales: Gary Zeller
Director: George A. Romero
Guión: George Romero
Fotografía: Michael Gornick
Música: Darío Argento
Efectos especiales: Tom Savini

Intérpretes:

DAVID EMGE: Stephen
KEN FOREE: Peter
SCOTT REINIGER: Roger
GAYLEN ROSS: Francine
GEORGE ROMERO: director de televisión

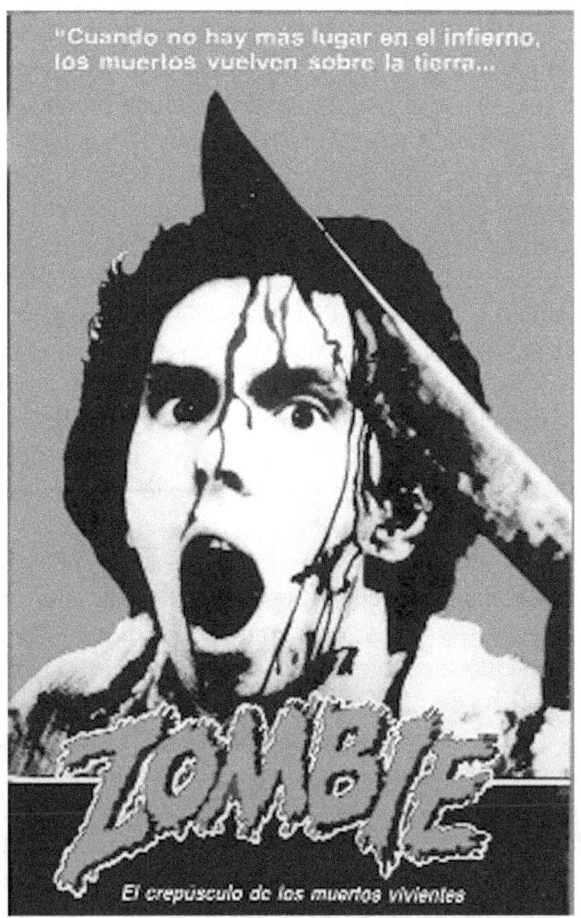

Mientras nos van mostrando unos cataclismos mundiales apenas explicados, un grupo compuesto de cuatro personas, dos militares, un piloto del helicóptero, y su novia reportera de televisión, se refugian en un centro comercial abandonado. La tierra está ya dominada por los zombis, engendros en otro tiempo guapos humanos, que necesitan comer carne viva para apaciguar sus dolores.

Cuando George Romero realizó *La noche de los muertos vivientes*, nadie podría predecir el efecto que ocasionaría en la historia del cine de terror. La película presentó al público un grado de violencia gráfica nunca antes visto, pero ese mismo terror marcó para siempre una línea difícil de superar. Por ello, y aunque la película tuvo un gran éxito tratándose de una producción independiente, los productores no vieron entonces el potencial disponible. Romero apenas consiguió entonces ganar un dinero digno y por ello no pudo asumir las funciones de productor, dejando casi el camino marcado para que se aprovechasen otros directores. Para consolidar su reputación decidió realizar una película más ambiciosa, y contó con la ayuda financiera de Darío Argento, un director italiano que también ejercía como músico y guionista. La colaboración sería una obra incluso mejor que la anterior, en color para visualizar la sangre sin problemas, y con unos actores igualmente correctos. *Zombi* es tan eficaz como simple, y ahora completamente familiar, que funciona sin disponer de un argumento adecuado.

Con las habituales secuencias de destripamiento humano, cabezas desplazadas, y los zombis comiendo de modo repugnante, *Zombi* fue entonces la película americana más sangrienta de todos los tiempos. Tanto fue así, que cuando se estrenó en Estados Unidos se le cortaron algunas escenas para no ser clasificada como X, aunque esto no le impidió ser un gran éxito tanto en América como en el extranjero. La película fue clasificada por el crítico Roger Ebert como "El mejor filme de terror de todos los tiempos", entrando a formar parte de los clásicos, considerándose también como una de sátiras sociales más afiladas de la década, especialmente por cómo nos muestran las ansias del consumidor habitual y su alegría cuando se halla en un gran supermercado.

Cuando el filme se estrenó en Europa disponía de 117 minutos (3 menos que en América), además de estar revisada por Darío Argento, quien mejoró los efectos sonoros. Al año siguiente, Lucio Fulci, también experto en películas de terror, realizó *Zombie 2*, la cual fue estrenada en Estados Unidos como *Zombie,* convirtiéndose en un nuevo éxito que consolidó la relación zombi/caníbal en los años 80 y permitió que Lucio Fulci fuera mencionado como un icono en el cine de terror.

HOLOCAUSTO CANÍBAL
Cannibal Holocaust (1979)

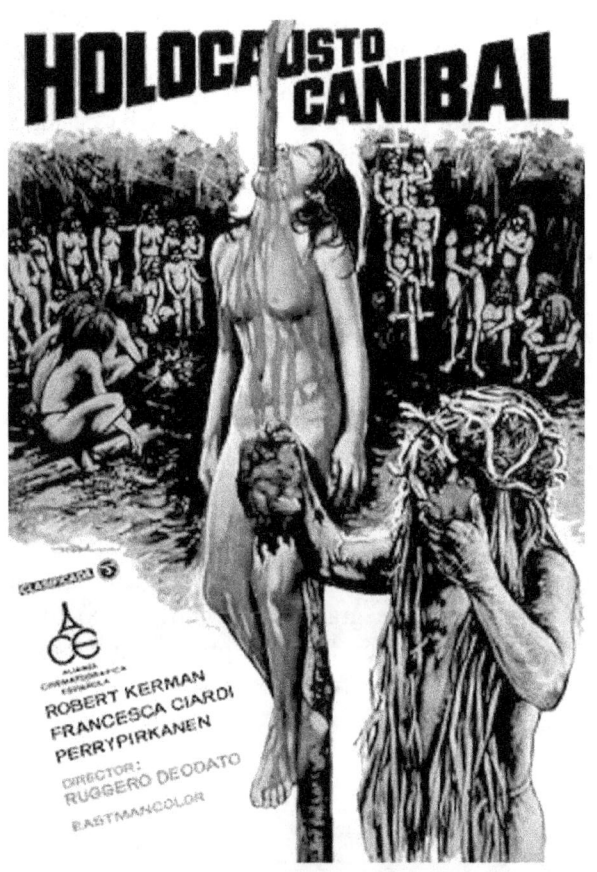

Director: Ruggero Deodato
Guión: Gianfranco Clerici

Intérpretes:
ROBERT KERMAN: Monroe
FRANCESCA CIARDI: Faye
PERRY PIRKANEN: Alan
LUCA BARBARESCHI: Mark
SALVATORE BASILE: Chako

Dicen que un grupo de periodistas estadounidenses compuesto por tres hombres y una mujer viajaron hasta el Amazonas para realizar un reportaje sobre los nativos, aunque nunca volvieron. En su busca partieron otros periodistas y allí les proporcionaron un vídeo en el cual estaba la irrefutable prueba de los sucesos acaecidos. Lo que ven les horroriza, pues uno de ellos ha violado, torturado y asesinado a numerosos nativos, incluso ha sacrificado a sus amigos, su novia y su propia vida para lograr una historia sensacional. Esta cinta fue posteriormente utilizada en una película que se estrenó bajo el título de *Holocausto caníbal*, intentando que el público se creyera que todas las imágenes eran reales. Indudablemente no era así, pero entre la propaganda y las escenas crueles, el éxito comercial estuvo asegurado.

Filmada con la cámara al hombro, la abundancia de desnudos, sangre, violaciones y torturas, se mostraron al espectador ávido de emociones fuertes, de modo parecido a como posteriormente se hizo con "El proyecto de la bruja de Blair". Aunque el periodista que supuestamente grabó los hechos murió torturado y devorado, no aclaran quién filmó su propia muerte, por lo que tenemos que deducir que fue uno de los caníbales, quizá su alumno más aventajado.

MUERTOS Y ENTERRADOS
Dead and buried (1980)

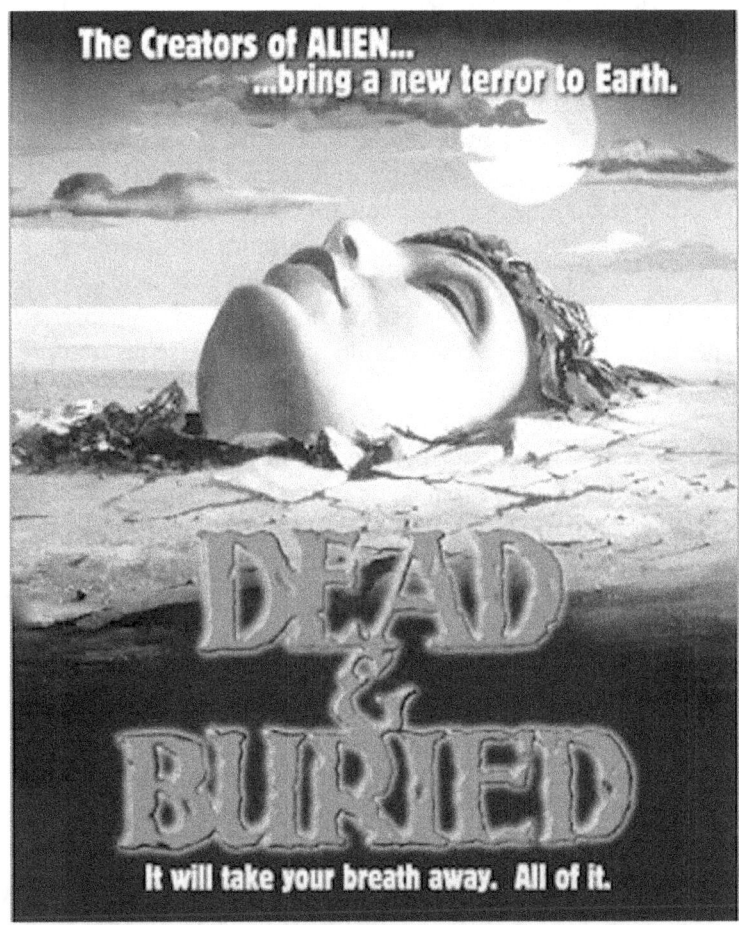

Director: Gary Sherman
Productor: Ronald Shusett, Robert Fentress
Guión: Ronald Shusett, Dan O'Bannon
Basada en la historia de: Jeff Millar, Alex Stern
Efectos especiales: Stan Winston

Intérpretes:
> JAMES FARENTINO: Dan
> MELODY ANDERSON: Janet
> JACK ALBERTSON. Dobbs
> ROBERT ENGLUND: Harry

Un día, el fotógrafo del St., Louis va a una playa localizada en un pueblo pequeño llamado Potter's Bluff. Él prepara su cámara para hacer el reportaje, desviando su atención cuando observa corriendo a una guapa y sexy chica llamada Lisa. Saca algunas fotos de ella, más que nada porque la chica se desabrocha la blusa mientras le dice que le quiere. Vale, una oportunidad así no hay varón que la desperdicie, pero las cosas no acaban como esperaba porque es rodeado por un grupo de personas que previamente le habían fotografiado. Su macabro destino está sellado. Después vemos a un automóvil en llamas, y cuando la policía llega a investigar todos parecen involucrados en el asesinato del conductor, incluso el dueño de la funeraria, un personaje muy extraño. El muerto es el infeliz fotógrafo a quien le había puesto dos pechos en sus narices la noche anterior, pero esta muerte está ya unida a otras muchas.

Con un arranque extraordinario, aunque quizá demasiado sangriento y despiadado, la película transcurre sin dar respiro al espectador, hasta que se produce el sorprendente final que no le contaremos por si aún no la han visto. Para muchos, este filme es una buena película de culto que desgraciadamente fue pasada por alto durante su estreno en los años 80.
Apenas finalizado el rodaje murió el actor Jack Albertson, quien ni siquiera pudo ver el filme totalmente montado, lo que resulta una ironía porque él interpretaba al embalsamador que asegura la vida eterna.
Como notas curiosas, la pequeña participación de Robert Englund antes de transformarse en Freddy Krueger, y el somero trabajo en los efectos especiales de Stan Winston, quien saltó a la fama con "Alien".

ZOMBI HOLOCAUST
Doctor Butcher (1980)

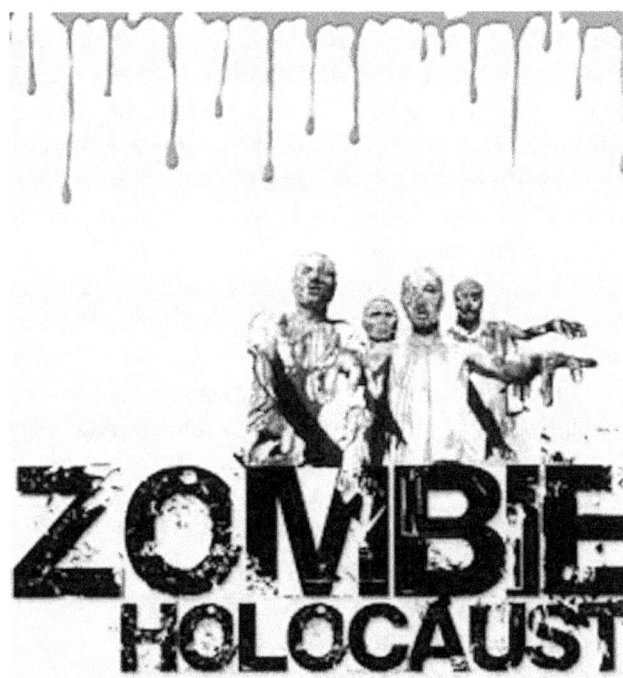

Director: Marino Girolami
Guión: Fabrizio De Angelis
Fotografía: Fausto Zuccoli

Intérpretes:
SHERRY BUCHANAN: Susan Kelly
PETER O'NEAL: George Harper
DONALD O'BRIEN: Dr. Obrero

Un médico ansioso de minimizar los defectos de los humanos vive en una isla habitada por caníbales, lo que no le viene mal pues está intentando reanimar a los cadáveres para convertirlos en zombis. Material humano tiene suficiente, pero suele estar un poco deteriorado por los mordiscos, por lo que cuando consigue revivirles presentan un aspecto deplorable y tenebroso. Un día, llega a esta isla una expedición, entre cuyos componentes está una chica que es atisbada ansiosamente por los zombis, deseosos de hincar por fin los dientes en carne fresca y suave. Pero como los caníbales también tienen el mismo deseo, sus diminutos pies apenas logran ponerla a salvo.

En definitiva, poco holocausto, algunos caníbales maquillados y menos zombis, es lo que ofrece esta pobre producción italiana realizada para aprovechar el éxito de *Holocausto Caníbal*. Por supuesto, hay mucha sangre y a los aficionados varones les regalan los numerosos desnudos de la guapa rubia protagonista.

NIGHT OF THE ZOMBIS
Battalion of the Living Dead (1981)

Director: Joel Reed
Guión: Joel M. Reed

Intérpretes:
JAMES GILLIS: Nick
SAMANTHA GREY: Susan
RYAN HILLIARD: Clarence

Una carta es descubierta por un detective que investiga un doble homicidio en los Alpes, en donde habla de un hombre que ha desaparecido hace años y a quien supuestamente se dio por muerto. Jamie Gillis es el actor que interpreta a Nick, el sagaz detective, quien ayudado por un equipo de investigadores pronto descubren que también han desaparecido un grupo de soldados americanos que lucharon en la Segunda Guerra Mundial.

Estos soldados están vivos, pero parecen haber encontrado la fuente de la eterna juventud en un producto químico llamado Gamma 693 que les permite vivir eternamente, casi sin alimentarse. Bueno, realmente no son eternos, pues una sencilla y contundente decapitación acaba con sus vidas, y también necesitan comer, aunque en este caso cerebros humanos frescos. Gillis fue anteriormente una estrella del cine porno que aquí intenta demostrar sus otras virtudes, y hay que reconocer que no lo hace nada mal. Su personaje parece inspirado en Roger Moore cuando hacía de James Bond, a medio

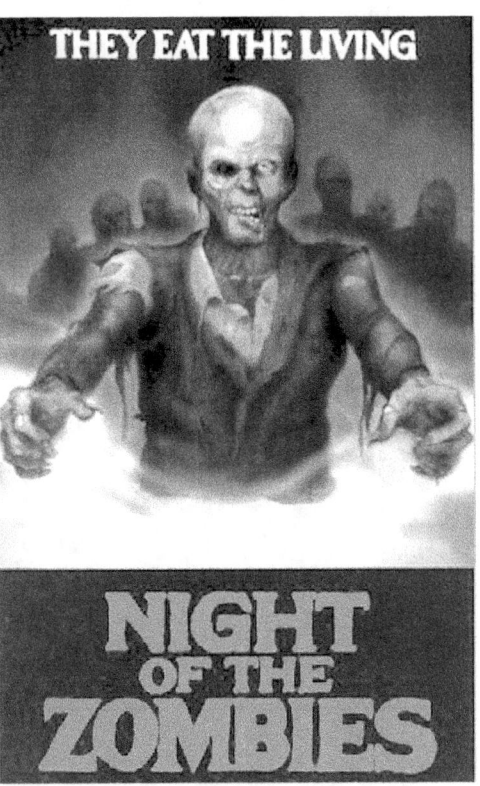

camino entre el cinismo y la seriedad, aunque le debemos reprobar que no consiga mostrar la cara de terror adecuada cuando aparecen los zombis.

Bueno, los efectos especiales son discretos pero eficaces.

LA TUMBA DE LOS MUERTOS VIVIENTES
Oasis of the zombis (1983)

Director: Jesús Franco
Guión: Jesús Franco
Fotografía: Juan Soler
Música: Jesús Franco, Daniel White

Intérpretes:

MANUEL GÉLIN: Robert Blabert
ANTONIO MAYANS: Sheik
MIGUEL ÁNGEL ARISTA: Ahmed
EDUARDO FAJARDO: Kurt

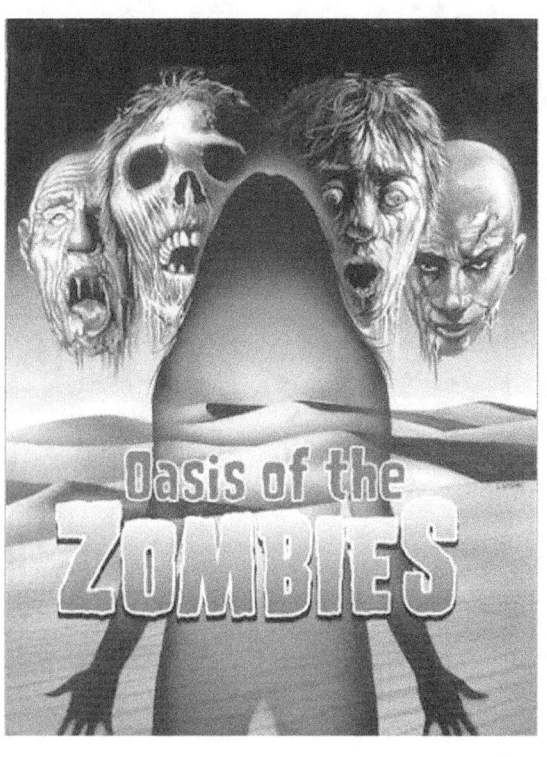

En 1943, durante la Segunda Guerra Mundial, una patrulla del ejército alemán transportaba un cargamento de oro valorado en miles de millones de dólares. Sorprendidos en una emboscada por un comando inglés, todos acaban muertos en un oasis, salvo el comandante del Afrika Korps. Años después su hijo, sabedor de la masacre y la situación del botín, encabeza una expedición para ir en su busca, aunque otros dos grupos parten en la misma dirección al saber que el oro sigue allí enterrado.

Jess (Jesús) Franco ha dirigido casi doscientas películas en su larga carrera, aunque él reconoce que la mayoría son pura basura y que solamente ha pretendido entretener a un público hambriento de escenas truculentas. Este filme no es una excepción, aunque el bajo presupuesto no ha impedido que contara con una música étnica acertada y una abundancia premeditada de desnudos.

LA NOCHE DEL COMETA
Nigth of the comet (1984)

Director: Thom Eberhardt
Guión: Thom Eberhardt

Intérpretes:
ROBERT BELTRAN: Hector
CATHERINE MARY STEWART: Regina
ZOE KELLI SIMON: Samantha

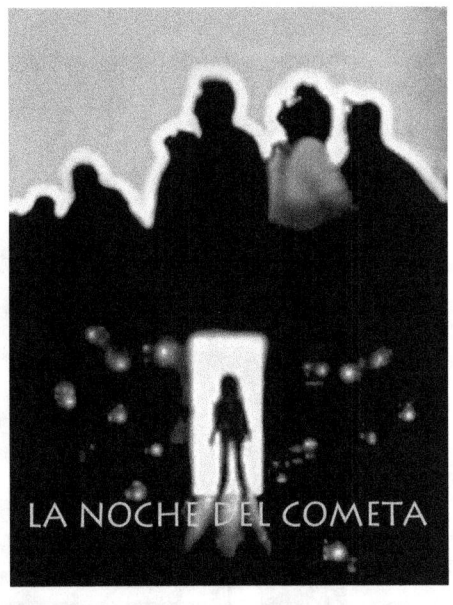

Dicen que hace 65 millones de años un cometa pasó muy cerca de La Tierra coincidiendo con la desaparición de los dinosaurios y aunque no sabemos si se estrelló en nuestro planeta o solamente se aproximó, lo cierto es que su influencia debió dejar una huella perenne. Posteriormente otros cometas viajaron hasta nuestro sistema solar y su presencia es relacionada siempre con el fin del mundo o con desgracias inimaginables. Esta es la época que viven los protagonistas de esta cinta, en un momento en el cual todo el mundo se preparada para el acontecimiento del siglo. Regina Belmont no parece muy interesada en ello y por eso se queda dormida en la sala de proyección del cine donde trabaja, despertándose por la mañana cuando ya ha pasado el cometa. En ese momento es cuando se da cuenta que las cosas han cambiado drásticamente y que algo horrible ha sucedido.

Así de sencilla es la previsible historia, con los humanos convertidos en zombis a causa de un extraño polvo rojo, lo que genera algunos sustos interesantes. Salvo algunos diálogos algo infantiles, la historia circula con agrado, y como tiene un final feliz pues hasta salimos del cine plenamente recuperados de los horrores contemplados.

EL REGRESO DE LOS MUERTOS VIVIENTES
Return of the living dead (1985)

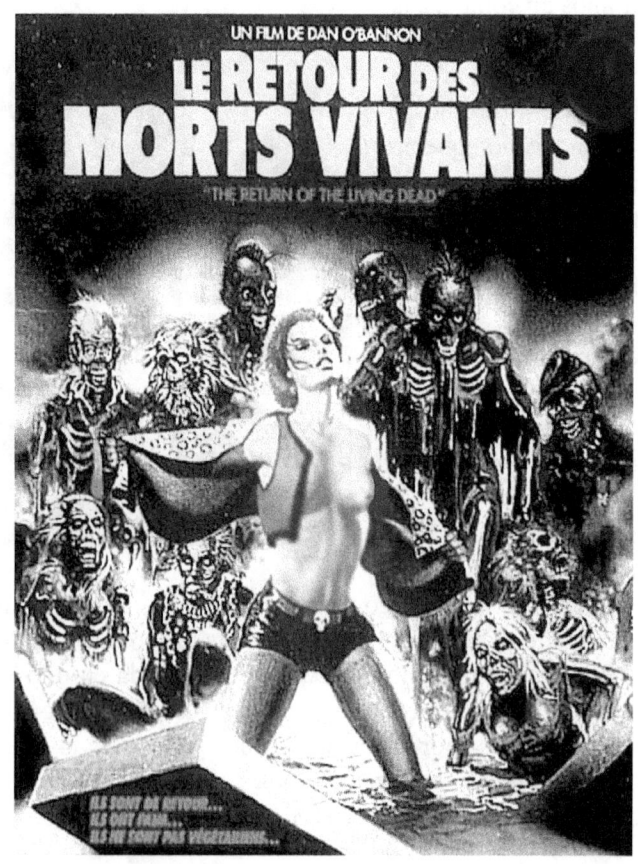

Director: Dan O'Bannon

Intérpretes:
> CLU GULAGER: Burt
> JAMES KAREN: Frank
> DON CAFA: Ernie
> BEVERLY RANDOLPH: Tina

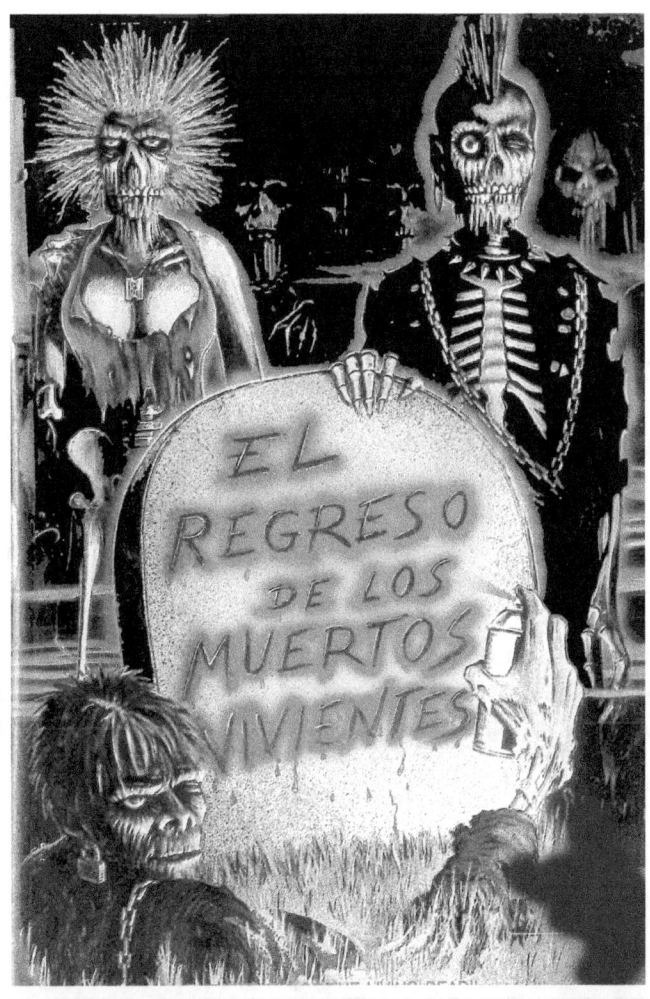

Podría haber sido una digna secuela de *La noche de los muertos vivientes* y se convirtió simplemente en una parodia con la cual hemos disfrutado más de lo previsible. Sin embargo, con el paso de los años ha ganado prestigio y una mirada más tranquila nos permite disfrutar de nuevo con ella, siempre que consigamos evitar los diálogos. No hay duda de que podía haber sido una obra redonda si alguien hubiera controlado a los actores y despedido al guionista, pero aún con el material restante esta satírica respuesta al cine de Romero merece estar en nuestra videoteca particular. Dirigida por Dan O'Bannon, escritor de "Alien", y contando con la buena fotografía de Jules Brenner, una vez introducidos definitivamente en la historia podemos disfrutar de ciertos momentos de buen cine de terror y elocuentes maquillajes.

Los muertos están ahora en el cementerio, como es habitual, pero una nube tóxica se filtra por sus tumbas y eso les reaviva su sistema nervioso, saliendo rápidamente con una sola intención: comerse el cerebro de los humanos. Mientras tanto, un grupo de jóvenes organizan una orgía de sexo y alcohol al lado de sus tumbas, inconscientes de lo que muy pronto les llegará. No se pierdan la escena en la cual Tina realiza un memorable desnudo integral encima de una de las tumbas, mientras asegura que su mayor placer sería ser comida viva por un muerto. Cuando su deseo se hace realidad   no pudimos ver en ella la expresión de felicidad que tanto deseaba y quizá por eso no la volvimos a ver nunca más en una película.

Los zombis son como siempre, divertidos si les miramos de reojo para no asustarnos; sin embargo, estos cadáveres de andares lentos y vacilantes se han convertido casi en un miembro díscolo de la familia, y creo que les hemos perdido el respeto.

EL DIA DE LOS MUERTOS
The day of the dead (1985)

Director: George A. Romero
Guión: George Romero

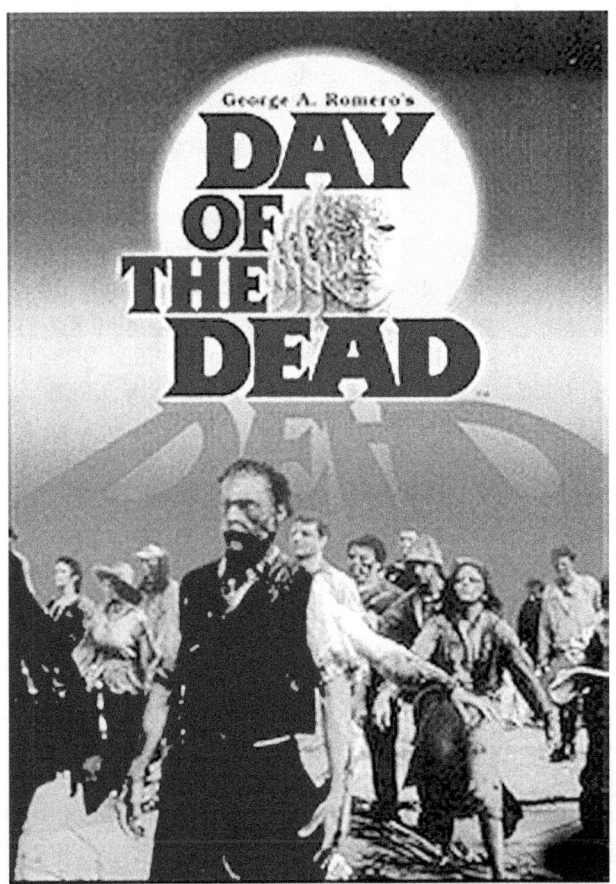

Intérpretes:
LORI CARDILLE: Sarah
TERRY ALEXANDER: John
RICHARD LIBERTY: Dr. Logan
HOWARD SHERMAN: Bub, el Zombi

Ahora los zombis han acorralado a los protagonistas en una zona militar enclavada en las entrañas de una montaña y su supervivencia depende de que logren comunicarse con ellos. Un alborotado médico encuentra la manera de domesticar a los muertos, pero algunos de sus compañeros prefieren matarles de nuevo a balazos.

Tercera parte de la trilogía sobre zombis, pero esta vez tratando de encontrarles el lado bueno a los sufridos no-muertos. El resultado es que terminamos perdiéndoles miedo, se nos hacen casi humanos, y hasta parecen sufrir por culpa de los vivos. No obstante, y aunque la película ha sido muy criticada, se nota la mano maestra de Romero y hay momentos con buenos sustos.

La primera cosa que notamos al ver la cinta es su bajo presupuesto, tan bajo que hasta han escatimado maquillajes y creo que muchos zombis solamente cuentan con algunos harapos y sus andares vacilantes. Además, corren demasiado, quizá para que no nos fijemos en los detalles. Menos mal que Romero ha conseguido proporcionar de nuevo la atmósfera claustrofóbica, pero quizá le faltan más sombras y puertas chirriando. Todo está correcto, lo mismo que los actores, pero hay una carencia de sangre bien notoria, y eso es casi imperdonable en un filme donde los mordiscos a la carne fresca deben ser lo habitual.

Lo curioso del caso es que la mayor parte de las críticas fueron porque era poco sangrienta y nada desagradable, lo que nos define bien a los aficionados.

RE-ANIMATOR
Re-animator (1985)

> Director: Stuart Gordon
> Argumento: "Herbert West" de H.P. Lovecraft
> Efectos especiales: Anthony Doublin
> Guión: Dennis Paoli, Stuart Gordon

Intérpretes:
> JEFFREY COMBS: Herbert West
> BRUCE ABBOTT: Dan Cain
> BARBARA CRAMPTON: Megan Halsey

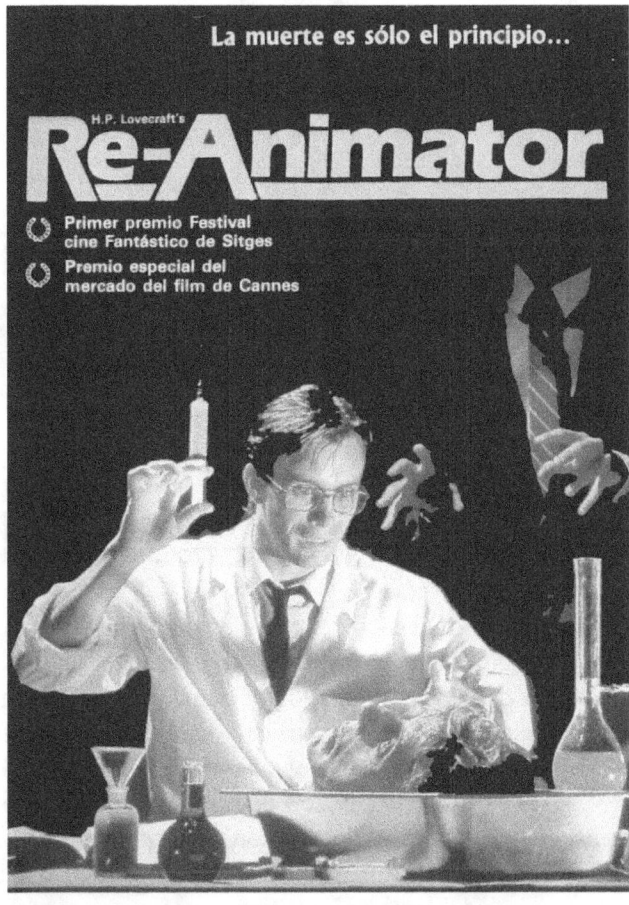

Nuevo concepto del cine de zombis, contando con un buen relato original, en el cual nos hablan de unos científicos empeñados en devolver a la vida a los muertos con un suero especial, experimento que se les hace incontrolable desde los primeros momentos.

La película cuenta con una escena que posiblemente fuera la que más contribuyó a su gran popularidad, en la cual la cabeza de uno de los resucitados se empeña en realizar un cunnilingus a la protagonista, quien había sido desnudada previamente por el zombi descabezado. Impresionante. El contraste nos lo ofrecen cuando vemos a otra muerta, bastante menos agraciada y seccionada en dos partes, pero con muy mal genio en su lenguaje.

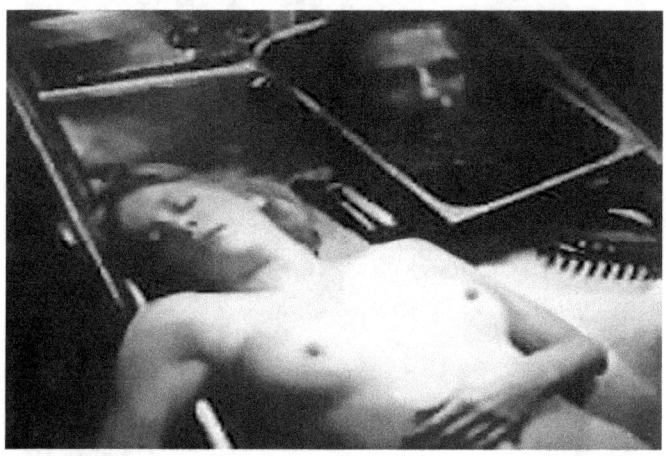

Re-animator es ya un clásico del cine de terror y hay tantos elementos buenos en el filme que resulta difícil escoger un punto de referencia. La película combina lo que parece ser el realismo de la muerte con la perspectiva científica y agrega un elemento de ciencia-ficción. Además, está contada con cierto sentido del humor y posee la justa proporción de sangre. Globalmente, los zombis están bien diseñados y ya no son tan torpes como en otras historias anteriores, mostrando en ocasiones el necesario maquillaje, lo que indudablemente constituye una reprimenda. Fue galardonada con el primer premio en el festival de Cine Fantástico de Sitges y con el Premio Especial del mercado del filme en Cannes. Convertida ya en un clásico ampliamente imitado, hubo una espantosa secuela, "La novia de Re-animator" que se vio solamente en vídeo.

RE-SONATOR
From beyond (1986)

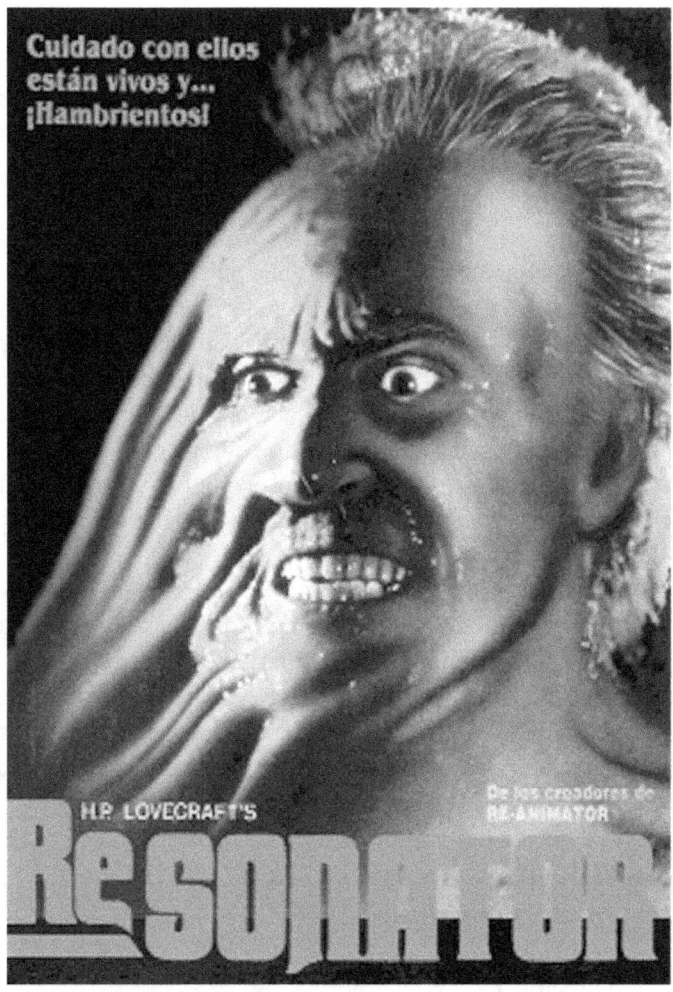

Basada en la novela de: H.P. Lovecraft "From beyond"
Director: Stuart Gordon
Guión: Dennis Paoli, Brian Yuzna, Stuart Gordon

Intérpretes:
> JEFFREY COMBS: Crawford Tillinghast
> BARBARA CRAMPTON: Dra. Katherine McMichaels
> TED SOREL: Pretorious

Una vez que Re-animator cosechó el éxito en todo el mundo, se volvieron a reunir los mismos autores del guión para proporcionar unos resultados similares. El éxito no les acompañó, y eso que de nuevo la historia de Lovecraft poseía ingredientes sumamente novedosos.

Ahora unos experimentos atraen a nuestro mundo los monstruos de otra dimensión, hasta el punto en que uno de los científicos se ve involucrado en ese nuevo mundo. La sexta dimensión se nos muestra como un espacio poblado por criaturas que consideran a los intrusos humanos como carne fresca, y cualquiera que la traspase acabará siendo devorado. Solamente un científico quiere controlar ese mundo y mezclarse con él, lo que le permitirá alcanzar un poder infinito. La guapa protagonista es pronto seducida por ese hombre y vemos un romance erótico entre ellos que resulta cuando vemos insólito.

La película cuenta con las tradicionales escenas nauseabundas del cine gore, un diálogo histérico suficiente, monstruos raros en abundancia que aparecen bruscamente, y ciertas elucubraciones científicas sobre los universos paralelos. Los protagonistas y sus personajes tienen una buena química, aunque debemos destacar a ese Dr. Proteus y sus poderes trans-dimensionales.

LA DIVERTIDA NOCHE DE LOS ZOMBIS
Return of the living dead II (1987)

> Director: Ken Wiederhorn
> Guión: Ken Wiederhorn
> Maquillaje: Kenny Myers

Intérpretes:
      JAMES KAREN
      THORM MATHEWS
      MARSHA DIETLIN

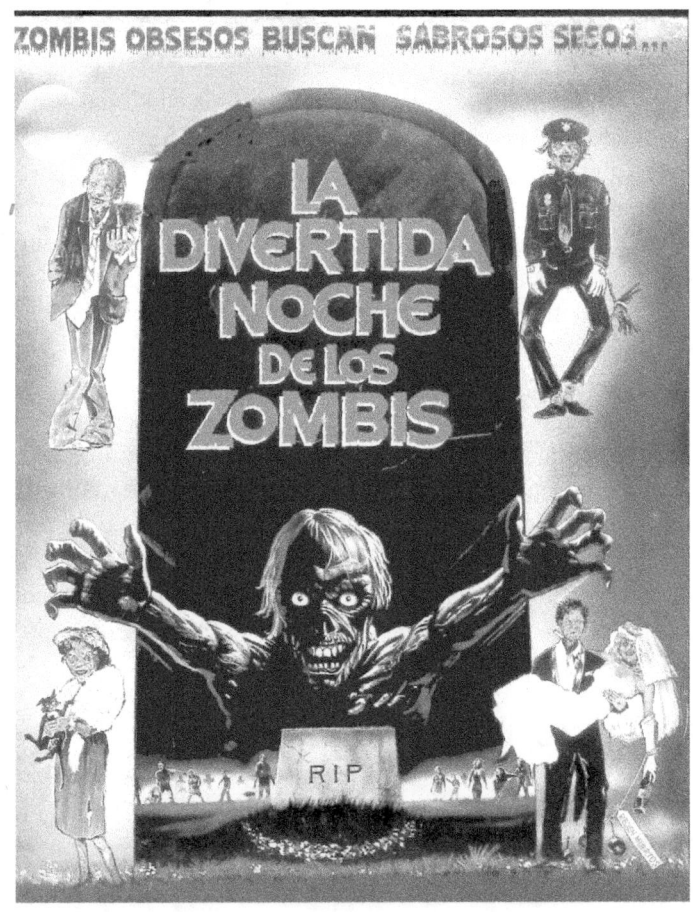

Con los actores que aún no fueron comidos por los zombis en "El retorno de los muertos vivientes" (suponemos que por feos), se realizó esta película aprovechando el buen éxito de la anterior. Aunque el tono cómico trata de conseguir que el público juvenil

se interese en este tipo de filme (y para eso se utilizan protagonistas jóvenes), lo cierto es que la abundancia de sangre se pasea
durante toda la película.

Buenas escenas de terror, adecuada la caracterización de los
zombis, y alegorías al mundo de la música pop, con inclusión de
un Michael Jackson en plan zombi bailando "Thriller" al son de
una descarga eléctrica.

Esta podría ser la segunda parte de una trilogía en la cual se parodia el cine de terror, tal y como después se hizo con "Scary
Movie", pero entonces no se le concedió la adecuada importancia, y eso que se trataba de buenas comedias. La acción parece
continuar la historia anterior, con el ejército limpiando el enredo
de la primera película, aunque de nuevo lo hacen con bastante
torpeza y los muertos comienzan a salir en ese pueblo abandonado.

Perteneciente al cine de zombis de los años 80, en donde unos
plagiaban a los otros y todos a Romero, no había un interés real
en realizar buenas películas, aunque algunos lo consiguieron casi
sin proponérselo. Por eso no están cuidados los efectos especiales y hay numerosas escenas de miedo que no causan el terror
necesario por esta causa. No obstante, les aseguramos una ración
discreta de humor y miedo.

MAL GUSTO
Bad Taste (1987)

Director: Peter Jackson

Intérpretes:
PETER JACKSON: Derek
MIKE MINETT: Frank
PETE O'HERNE: Barry
TERRY POTTER: Ozzie

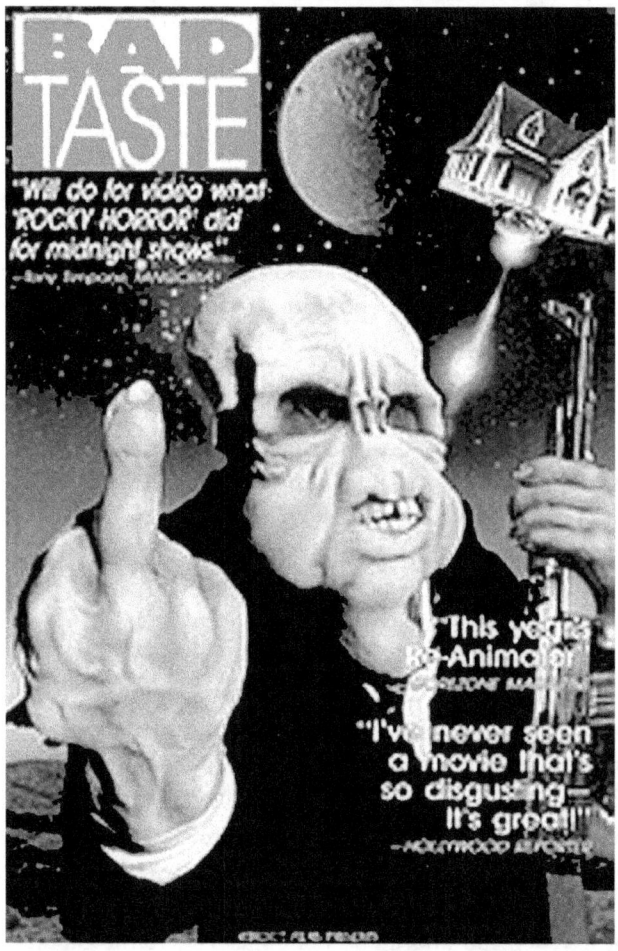

Una frenética llamada telefónica desde Kaihoro (un pueblo pequeño en la costa de Nueva Zelanda), alerta sobre la invasión de unos semi-robots agresivos, aunque no encuentran la respuesta deseada a su petición de auxilio. Afortunadamente hay quien da validez a la noticia y un grupo denominado como Servicio de Defensa contra la Invasión Espacial, acude al rescate. Ellos son Derek y Barry, pero cuando llegan al lugar se encuentran con un lugar vacío de humanos, salvo un extranjero de aspecto inédito conocido como Robert (de nuevo Peter Jackson) al que capturan.

Desgraciadamente, Robert tiene amigos, declarándose desde entonces una lucha sin cuartel.

Su éxito comercial sorprendió a todos, e incluso hasta la crítica la acogió con simpatía y mucha benevolencia. Aunque el título tiene bastante que ver con el argumento de la película, es un espectáculo diferente al habitual a pesar de su indudable falta de coherencia, a lo que debemos sumar unos diálogos increíbles. Película esencialmente de autor, puesto que Peter Jackson ejerce prácticamente todas las funciones del equipo técnico, con lo cual estamos seguros que el presupuesto fue ínfimo, mucho más si también ejerció como actor principal. Aunque no era entonces un director muy conocido, posteriormente tuvo su momento histórico con "Agárrame esos fantasmas" con Michael J. Fox, y con la trilogía de "El señor de los anillos".

La película parece ser que se rodó durante cuatro años, pero solamente los fines de semana, con lo cual el supuesto mérito hay que otorgárselo a su director. El escaso presupuesto es notorio mirando simplemente los títulos de crédito, pues Peter Jackson produce, dirige, interpreta (en papeles múltiples), vigila la fotografía, crea los efectos especiales, aplica el maquillaje y hasta colabora en el guión. Indudablemente tantos trabajos debieron satisfacer su vanidad, acrecentada porque a pesar de que fue exhibida en cines de barrio cosechó cierto éxito hasta de crítica. Nadie sabía que ese director se iba a convertir en un mito años después, y por eso ahora sus películas vuelven a ganar interés comercial en DVD. Y es que esta mezcla de cine de humor y de mensaje, con zombis y extraterrestres enlazados, todo ello mezclado en una batidora repleta de sangre y vísceras sin centrifugar, funcionó entre la gente progresista. Lo dicho, si quieren ver algunas de las escenas de zombis más repugnantes de la historia, con liposucción visceral a la vista, no se la pierdan.

ZOMBI 3
La noche del terror (1988)

Director: Lucio Fulci
Guión: Rosella Drudi

Intérpretes:
DERAN SARAFIAN: Ken
BEATRICE RING: Patricia
MASSIMO VANNI: Bo

Mirando esta película, cualquiera puede decir que hubo dos personas dirigiéndolas. También, que las dos tenían algo diferente en la mente cuando estaban rodándola. Fulci parece que trataba de mostrar la típica imagen de los zombis como algo sobrenatural, mientras que Bruno Mattei (que no aparece en los títulos) intentaba hacer una parodia similar a "El regreso de los muertos vivientes". De hecho, algunas de las escenas recuerdan a este filme y la narración termina aproximándose, lo que confirma las noticias de

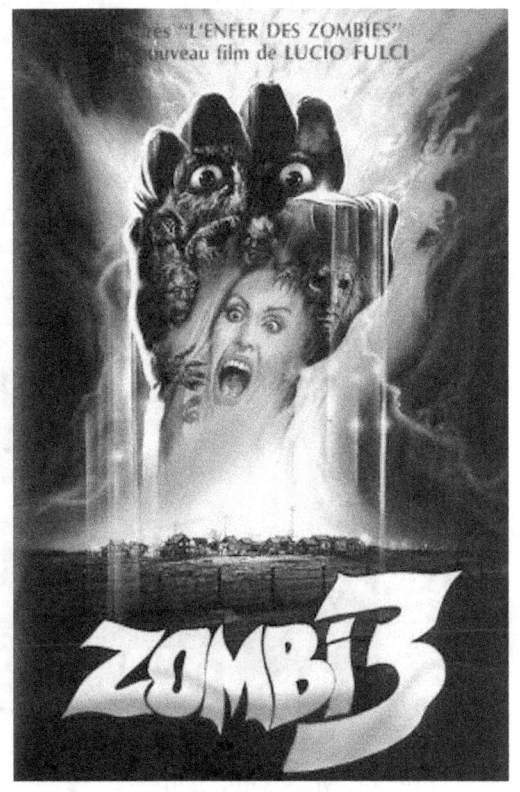

que intervino en el guión. Probablemente habría sido mejor si Fulci terminara la historia, pero es posible que surgiera algún tipo de conflicto de intereses y tuvo que abandonar. El argumento dice que un terrorista roba un producto químico peligroso que convierte a las personas en zombis y el ejército intenta controlarlo, mientras unos cuantos turistas quedan atrapados en un hotel.

ESTAMOS MUERTOS... ¿O QUÉ?
Dead Heat (1988)

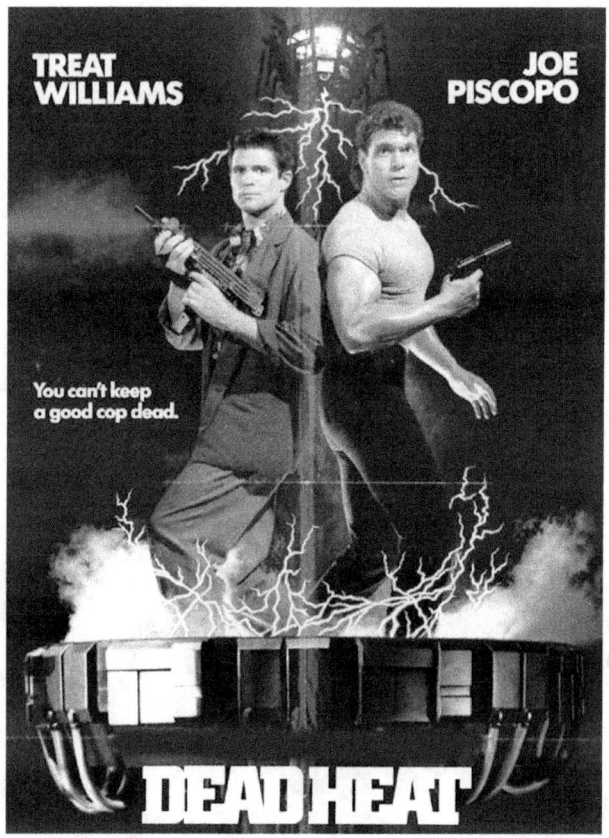

Director: Mark Goldblatt
      Guión: Terry Black

Intérpretes:
TREAT WILLIAMS: Roger
JOE PISCOPO: Doug
LINDSAY FROST: Randi
VINCENT PRICE: Arthur

Resulta difícil encuadrar este filme en un género completo, puesto que aparentemente se trata de una aventura de policías y ladrones, con un agente listo y otro algo más torpe, ambos intentando resolver un misterio que involucra a una gran empresa. Después, y casi de una manera sorpresiva, aparecen los zombis, cambiando el rumbo de la historia hasta unos límites delirantes, pues lógicamente los dos policías se encuentran igualmente aturdidos. No hay mucho horror, eso hay que reconocerlo, ya que el comportamiento desquiciado de los protagonistas nos invita a la risa, pero hay que reconocer que al menos dan respeto esos muertos de andares torcidos en pos de carne humana fresca.
Los efectos especiales son sorpresivos, ya que nadie se espera que ni siquiera existieran, debiendo agradecer a Steve Jonson que se tomara su trabajo en serio cuando nos muestra a esos zombis y su destrucción paulatina delante del espectador. También hay que destacar la escena en el restaurante chino, en donde vemos a un animal resucitado en su propia salsa, pues se trataba de un cerdo que debería ser ingerido por los comensales. El filme fue estrenado el mismo año que "Chucky" y la cuarta entrega de *Pesadilla en Elm Street*, siendo esta la causa principal por la cual pasó desapercibido. Por supuesto, la intervención de Vincent Price contribuyó a mejorar los resultados económicos, y aunque tiene un pequeño papel su presencia añade una categoría imposible de cuantificar.

BRAINDEAD (Tu madre se ha comido a mi perro)
Braindead (1992)

Director: Peter Jackson
Guión: Stephen Sinclair, Frances Walsh y Peter Jackson

Intérpretes:
>TIM BALME: Lionel
>DIANA PEÑALVER: Paquita
>LIZ MOODY: Vera Cosgrove

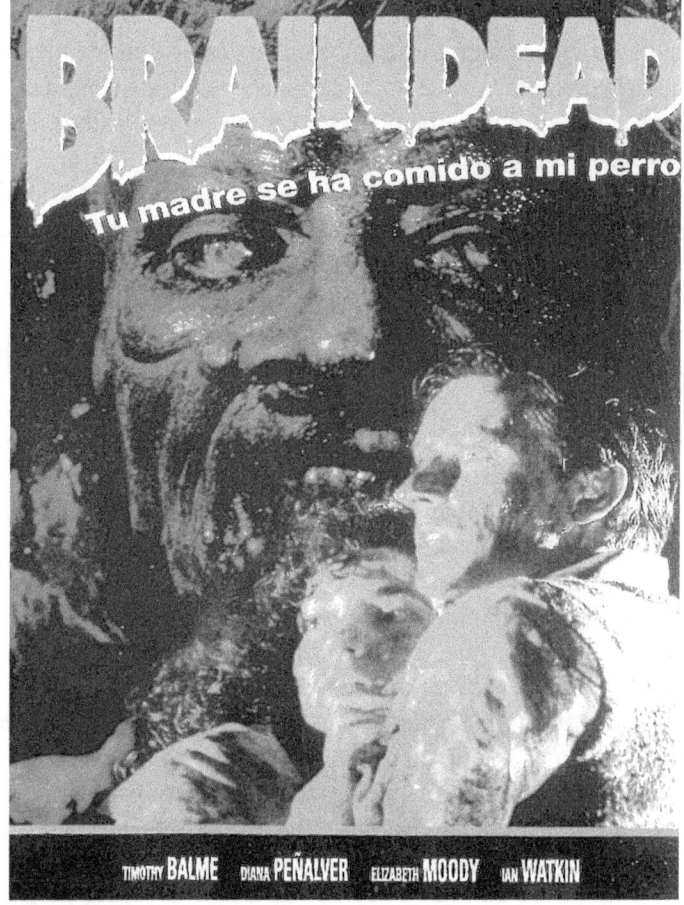

Un científico descubre en Skull Island un ejemplar muy extraño mezcla de mono y rata al que acompaña una terrible maldición, según los nativos. Trasladado a Nueva Zelanda para su estudio, el animal muerde a la madre de Lionel, un chico que está enamorado de Paquita, la hija del panadero. Poco a poco, la madre se va convirtiendo en una especie de zombi, un ser ávido de carne, y termina convirtiendo a todos en muertos vivientes después de morderles.

Aunque casi desconocida por el gran público, *Braindead* es una de las obras fundamentales del cine gore, cobrando ahora mucho más interés por haber sido dirigida por Peter Jackson, quien saltó a la fama gracias a la trilogía de "El señor de los anillos". Pero este aumento de categoría no le exime de responsabilidades, y esta película consiguió notoriedad solamente por la abundancia de escenas sangrientas, así como por los kilos de casquería utilizados. Dotada de un sentido del humor sombrío, pero tan burdo que parece obra de alguien deseoso de llamar desesperadamente la atención, asistimos con los ojos desorbitados a la película de zombis más increíble de la historia. Por ello, si usted quiere ver algo insólito intente verla en DVD; pero si desea algo similar a las obras de George Romero mejor no pierda el tiempo.

MORTAL ZOMBIE
Return of the Living Dead 3 (1993)

Director: Brian Yuzna
Productor: Gary Schmoeller, Brian Yuzna
Guión: John Penney
Fotografía: Gerry Lively
Música: Barry Goldberg

Intérpretes:
KENT MCCORD: John Reynolds
JAMES T. CALLAHAN: Peck
SARAH DOUGLAS: Sinclair

No es recomendable alterar el sueño de los muertos, eso ya los sabemos los espectadores, pero esta recomendación no consiguió calar en el joven Curt, quien en compañía de su novia se introduce en una base militar donde se lleva a cabo un proyecto secreto. Lo que allí encuentran es sobrecogedor, en especial esos experimentos de los científicos intentando revivir a los muertos para luego utilizarlos como soldados invencibles. La pregunta que nos hacemos en ese momento es: ¿quién es capaz de matar a un muerto?

Dirigida por Brian Yuzna, experto en cine de terror que se encuentra ligado a Fantastic Factory, una compañía española que ha producido obras como "Faust" y "Beyond

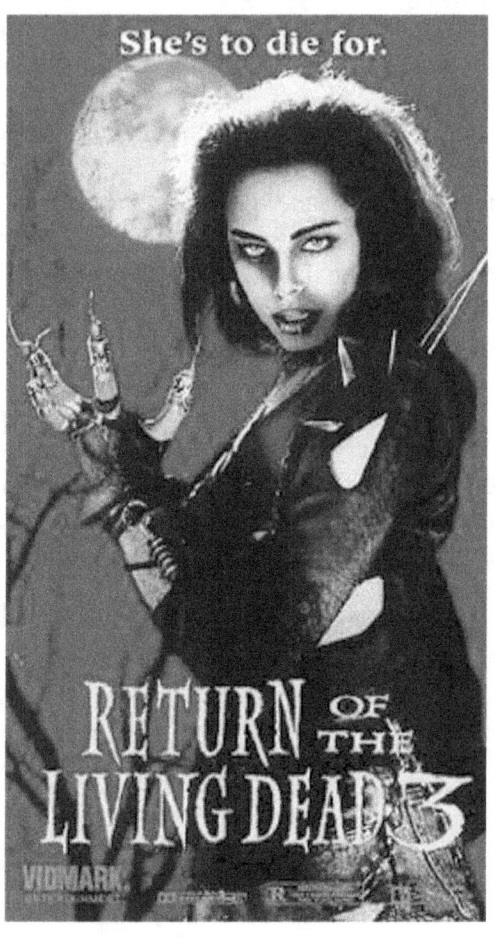

Reanimador", nos recrea ahora una historia sin demasiadas pretensiones pero que dispone de un soberbio final y unos más que adecuados efectos especiales, además de abundante sangre enlatada.

BRUISER
(2000)

Dirección y guión: George A. Romero

Intérpretes:
JASON FLEMING: Henry
PETER STORMARE: Milo
LESLIE HOPE: Rosemary

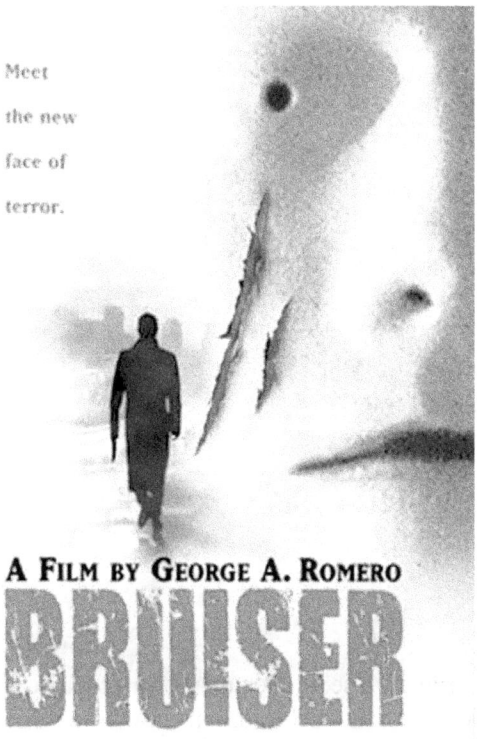

Los aficionados se preguntarán la causa por lo cual uno de los directores del cine de terror más prestigiosos realizó este filme. Si aún no la ha visto y no quiere perder el respeto hacia Romero, le pedimos que siga sin verla. Es duro -y casi imposible- creer que el ingenioso creador de tantos hitos cinematográficos haya puesto ante nuestros ojos algo tan carente de valor.

La historia nos habla de Henry, un joven de 30 años que ha resultado ser un perdedor completo. Su jefe lo humilla, su mejor amigo le saca todo el dinero, y su esposa duerme con todos los hombres del barrio menos con él. Por eso, cuando se despierta

una mañana, lo hace con la firme decisión de vengarse anónima-
mente de todos ellos.

Bien, la historia es sencilla y aunque poco original tiene posibilidades, pero Romero parece que se movía plenamente a disgus-
to y por ello prefiere emplear las metáforas y los comentarios
sociales, antes que crear el clima de intriga y terror adecuados.
Pudiera ser que George A. Romero decidiera en este momento
dar un giro a su carrera, evitando dar sustos intensos al espectador, quizá buscando un hueco entre los grandes realizadores. Tan
incómodo parece con las escenas terroríficas, que evita mostrar
la muerte directamente, dejando que sea el espectador quien
ponga las escenas según su imaginación.

RESIDENT EVIL
(2002)

Director: Paul Anderson
Guión: Paul Anderson
Producción: Paul Anderson, Jeremy Bolt,
Bernd Eichinger, Samuel Hadida
Fotografía: David Jonson
Música: Marco Beltrami, Marilyn Manson
Montaje: Alexander Berner

Intérpretes:
MILLA JOVOVICH
MICHELLE RODRÍGUEZ
ERIC MABIUS
JAMES PUREFOY

Se está efectuando un experimento secreto en una fortaleza inex-
pugnable situada en las entrañas de la tierra. Allí hay un virus
moral, pues convierte a las personas en zombis hambrientos,
cómo no, de carne humana. Se trata de un error fatal en el Centro
de Investigación La Colmena, organizado por la empresa
Umbrella Corporation, un consorcio bio-genético sin rostro. Un

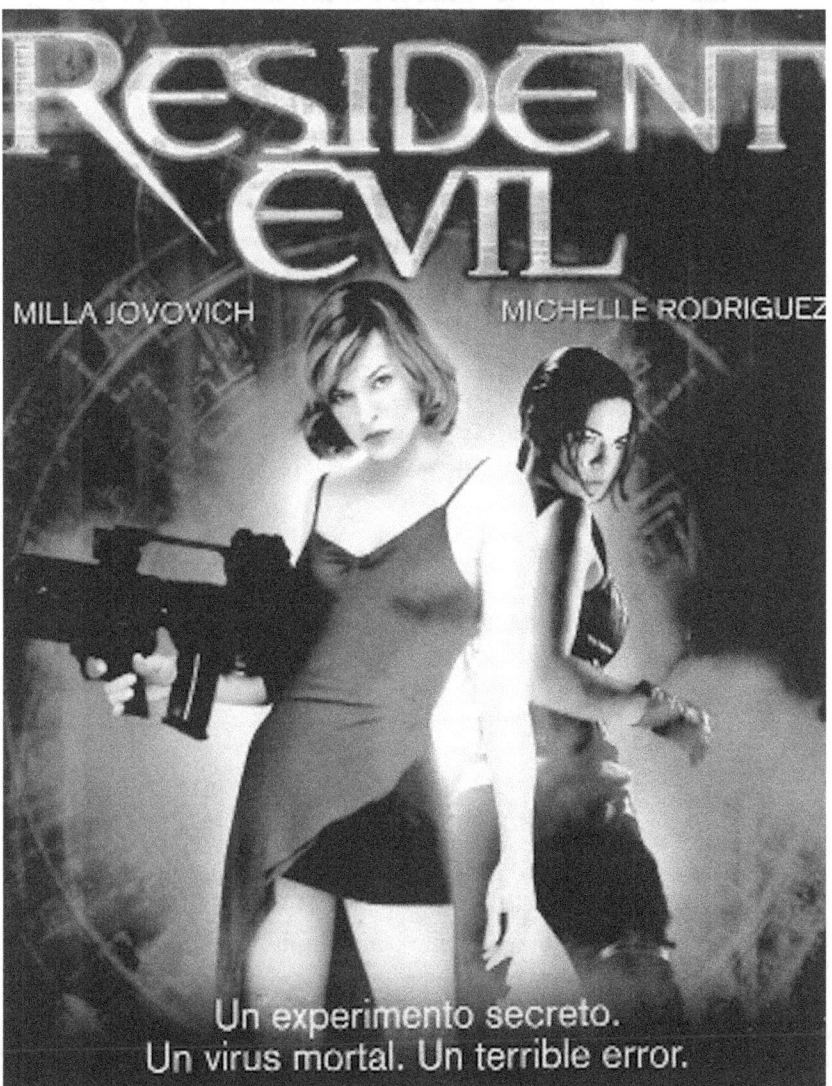

comando militar debe entrar en la Colmena con tal de esclarecer lo sucedido y allí se encuentra Alice (Milla Jovovich), sumamente despistada pues ha perdido la memoria. Por fortuna conserva sus reflejos como experto soldado y es capaz de machacar las cabezas de los zombis sin problemas, al menos cuando no tiene una pistola en sus manos. Ella es tan guapa que no nos extraña que los muertos-vivientes quieran comérsela, incluso sus propios compañeros cuando son contagiados por el virus.

Y así, entre zombi y zombi, nos llevan al espectador a una frenética misión en la cual apenas si tenemos un respiro para reponernos de tanto susto.

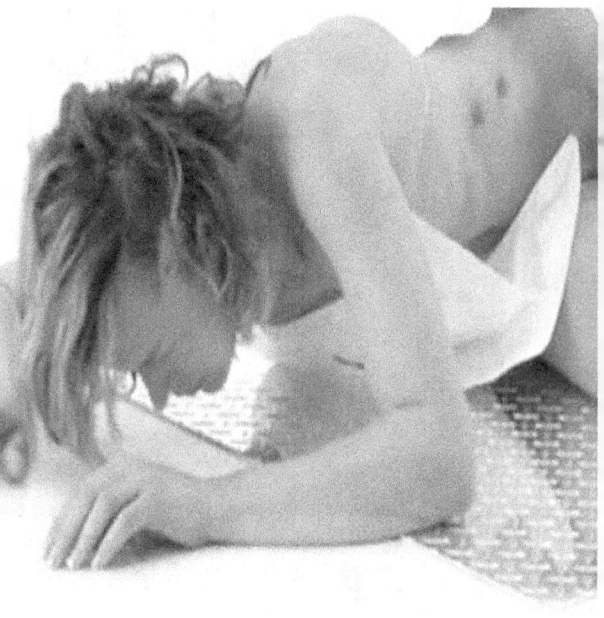

Indudablemente se trata de una más que fiel reproducción del juego que ya va por la tercera versión, en la que no falta la sangre y las vísceras, aunque, justo es reconocerlo, el filme es de lo mejorcito que hemos visto últimamente. Diversión y sustos asegurados, además de un ambiente claustrofóbico extraordinario

28 DÍAS DESPUÉS
28 Days Later (2002)

Director: Danny Boyle
Guión: Alex Garland
Música: John Murphy
Fotografía: Anthony Dod Mantle

Intérpretes:

  CILLIAN MURPHY: Jim
  NAOMIE HARRIS
  MEGAN BURNS
  BRENDAN GLEESON

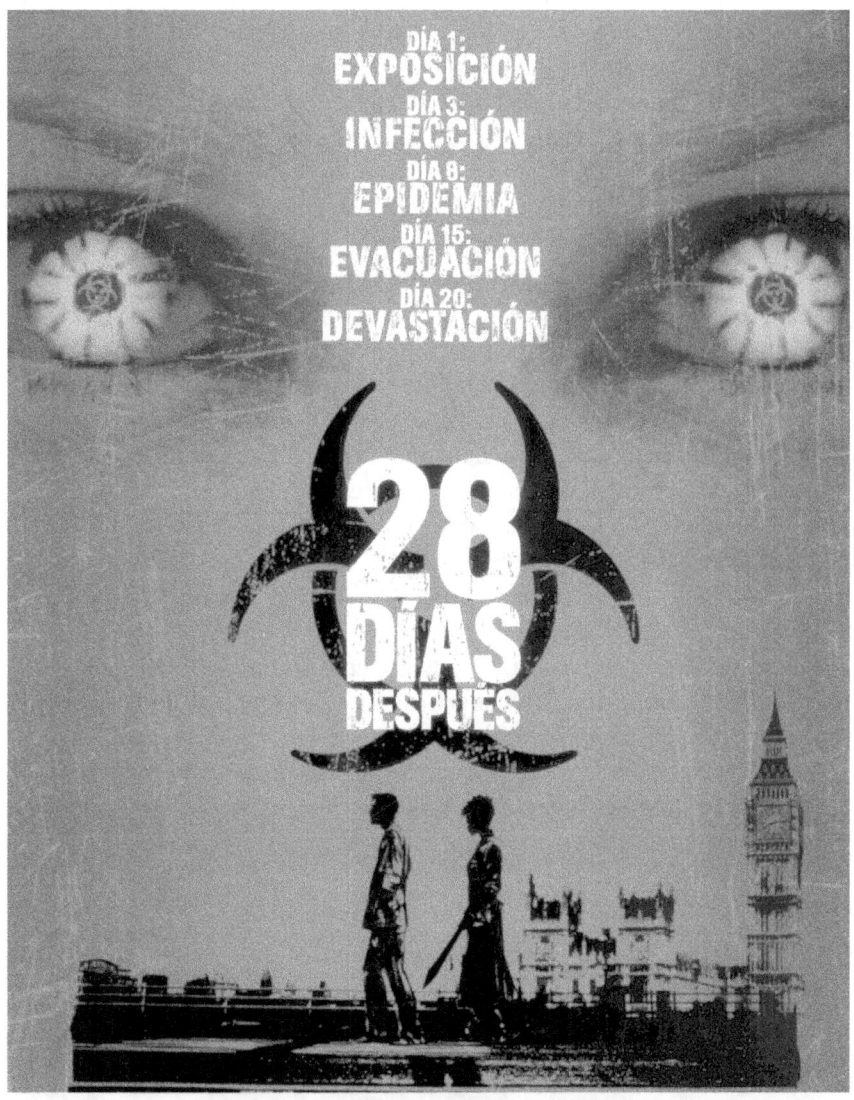

Londres, la ciudad que hace tan sólo unos días tenía sus calles abarrotadas, está ahora desierta. Con sus tiendas vacías, muchas saqueadas, reina un silencio total solamente roto por el ruido espeluznante que genera una invasión de zombis tras sobrevivir a un virus que acabó con la mayor parte de la población de laTierra. El origen de la mutación está en un laboratorio, donde un grupo de defensores de los derechos de los animales ocasionó involuntariamente la liberación de un mortífero virus que afectó al comportamiento humano, convirtiendo a los afectados en máquinas de matar, en zombis sin sentimientos.

Basada en un guión de Alex Garland, cuya novela "The Beach" (La playa) ya fue adaptada por Boyle a la gran pantalla con Leonardo DiCaprio como protagonista, este director inglés (autor también de "Trainspotting") se embarca ahora en una apocalíptica película fantástica de terror. Puesto que las historias basadas en una novela poseen al menos un mejor soporte argumental, los personajes y las razones que les mueven son más razonables, llegando a la conclusión de que ahora nos toca vivir una época de total intolerancia. La idea de que la creación de virus sintéticos pueda ocasionar escenas como las aquí contempladas se nos hace creíble y por ello el horror es más intenso.

Esta producción británica irrumpe con fuerza para competir contra el poderoso mercado norteamericano y lo hace con eficacia, al menos si tenemos en cuenta el gran éxito mundial que tuvo. Adornada con filosofía, escenas para reflexionar y bastante poesía, la influencia europea solamente nos da un respiro justo al final, con un desenlace optimista.

BEYOND RE-ANIMATOR
(2003)

Director: Brian Yuzna

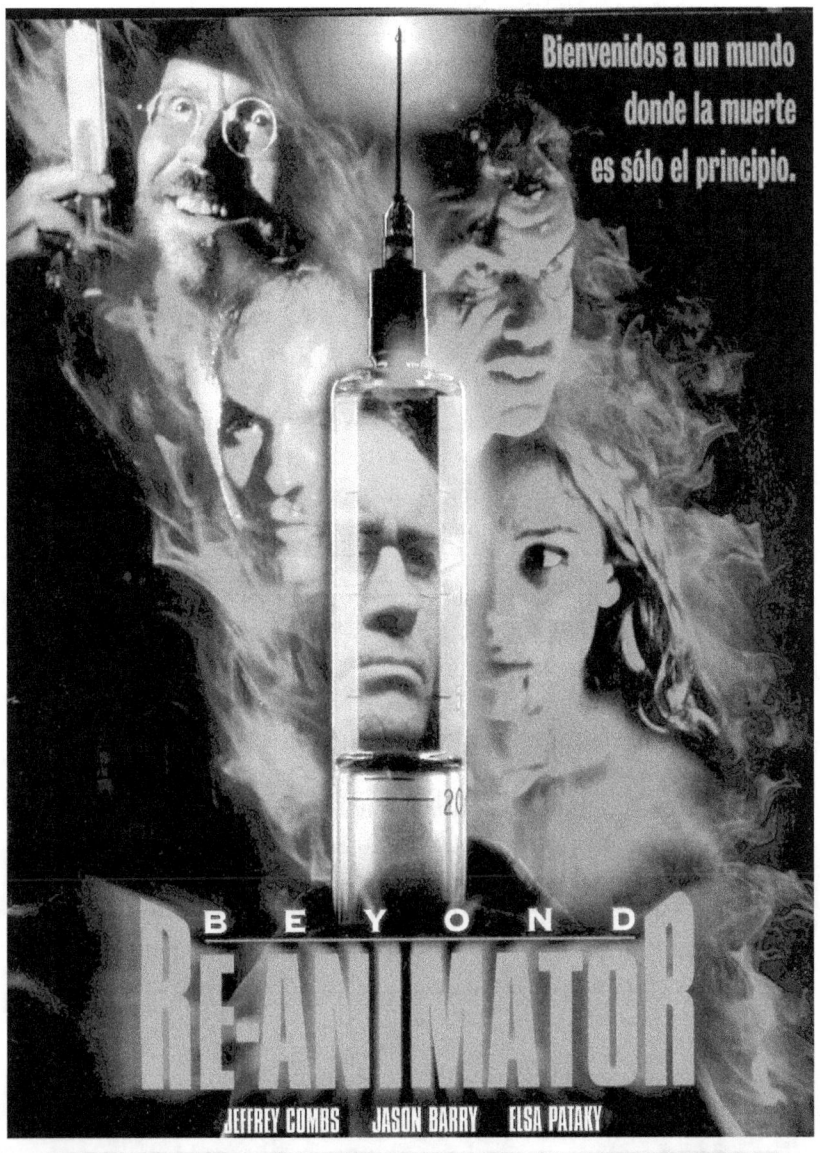

Intérpretes:

JEFFREY COMBS: Herbert
JASON BARRY: Howard
ELSA PATAKY: Laura
SIMÓN ANDREU: alcalde
SANTIAGO SEGURA: Speedball

Hace veinte años Yuzna intervino como productor en el clásico de terror *Re-animator*, y ahora vuelve como director para obsequiarnos con esta truculenta historia de zombis y sexo morboso. La historia retoma el personaje del Doctor Herbert West, un eminente científico mitad idiota, mitad genio, que cumple condena durante catorce años por ser el causante de la matanza de Miskatonic. Allí hubo de todo, hasta sexo involuntario, con numerosos muertos ocasionados por engendros vueltos a la vida a causa de tanta manipulación. Para West estos son simplemente accidentes inevitables, pero ahora sigue insistiendo en que a la ciencia no hay quien la pare, y que los locos son precisamente los que están fuera del manicomio.

Pero la película no se remonta ni con grúa, y encima nos sacan de nuevo al estruendoso Santiago Segura, convencido de que posee una vis cómica insuperable, lo que nos hace dudar de que tenga espejos en su casa o de que vea sus propias películas. Lo más acertado comercialmente es el título, no solamente por plagiar una de las novelas de Lovecraft, sino porque pretendió descaradamente confundir al público haciéndole creer que se trataba de una secuela digna de tal nombre. Pero ni la guapa y sexy protagonista, ni los efectos especiales animatrónicos, consiguen que nos entusiasmemos con la película, mucho menos cuando en un alarde de mal gusto nos muestran penes ensangrentados, compensados en parte por las suculentas tetas de las enfermeras.

HOUSE OF THE DEAD
(2003)

Director: Uwe Boll
Guión: Mark A. Altman y Dave Parker;
basado en el videojuego
Música: Reinhard Besser
Fotografía: Mathias Neumann
Vestuario: Lorraine Carson

Intérpretes:

ONA GRAUER: Alicia
JONATHAN CHERRY: Rudy
TYRON LEITSO: Simon
ENUKA OKUMA: Karma

En una isla desierta situada en el estrecho San Juan se celebra una gran fiesta, a la que han acudido un grupo de jóvenes en una embarcación alquilada, incapaces de presentir el escenario de horror que está ha punto de comenzar. Renombrada con acierto como "Isla de la muerte" por los lugareños, cada sombra presagia el comienzo de una gran masacre en la que los humanos serán las víctimas. Pronto, una legión de muertos vivientes salen de sus tumbas y el único sitio para esconderse es una estructura arquitectónica escondida en la selva conocida como La casa de los muertos.

Este argumento, por llamarlo de algún modo, procede de un popular videojuego, por lo que no espere el espectador ningún diálogo que sea digno de tal nombre. El lenguaje de los personajes, posiblemente sacado del manual "Cómo ser estúpido en dos horas", incita a la desbandada incluso de los zombis, ya que los espectadores así lo decidieron en la primera media hora. Al final, cuando aparecen los hombres de negro y miran a la guapa chica, con el cuerpo atravesado por una espada, sangrando y sostenida en pie gracias a los musculosos brazos del único varón superviviente, simplemente la preguntan: "¿Ella está bien?". ¡Jo, con los guionistas!

EL AMANECER DE LOS MUERTOS
Dawn of the dead (2004)

Director: Zack Zinder
Guión: James Jun
Producida: Richard P. Rubinstein, Marc Abraham y
Eric Newman

Intérpretes:
SARAH POLLEY: Ana
VING RHAMES: Kenneth
JAKE WEBER: Michael
MEKHI PHIFER: Andre

Adecuado remake de "Zombi", el clásico de George Romero, en donde nos vuelven a recordar que cuando la vida se acabe los muertos caminarán por la tierra. De nuevo, unos pocos humanos, valientes y deseosos de no permitir que los no-muertos les hinquen los dientes, se refugian en un gran centro comercial para sobrevivir. Allí están un oficial de policía, vendedor de equipos electrónicos, y el vecino de la calle Andre con su embarazada esposa, reforzando puertas y claraboyas para impedir que los zombis entren.

Y el resultado de taquilla ha sido lo previsto, pues estrenada en 2.745 salas de Estados Unidos recaudó nada menos que 26.722.575 dólares en sólo tres días. Bueno, después de estos tres días la recaudación descendió enormemente, pero ya no importaba, pues los zombis se habían comido a todos los personajes y no había nada que ver.

RESIDENT EVIL: Apocalipsis
Resident Evil: Apocalipse (2004)

Director: Thomas Witt
Guión y producción: Paul W.S. Anderson

Intérpretes:

MILLA JOVOVICH: Alice
SIENNA GUILLORY: Hill
ODED FEHR: carlos Rivera
THOMAS KRESTSCHMANN: Cain

Nuestra heroína ha conseguido sobrevivir a la historia anterior y ahora se nos muestra más dura y eficaz si cabe, pues conoce a los muertos como si los hubiera parido. Comienza a explorar la ciudad en busca de supervivientes, ya que sabe que un nuevo engendro llamado Némesis ha sido creado en un laboratorio. Este virus

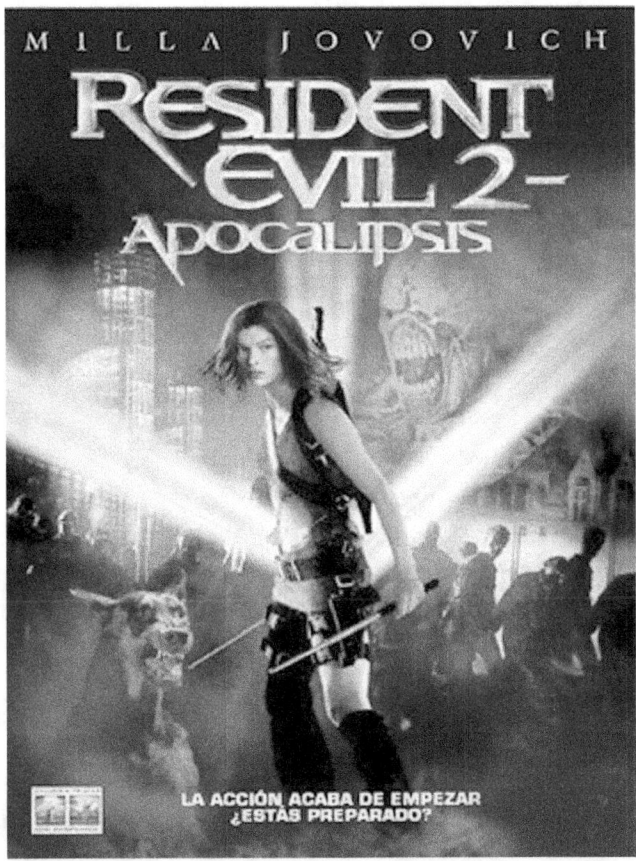

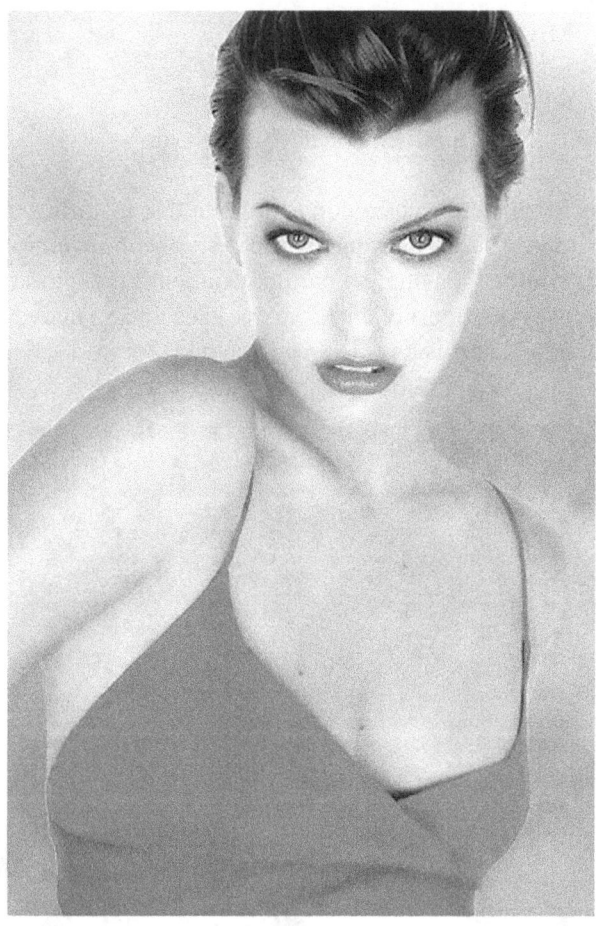

mortal es liberado sobre la población de Raccoon City, aunque anteriormente ella ha sido sometida a experimentos que han alterado su genética. Ahora posee fuerza, sentidos y destreza sobrehumana, además de belleza, atributos que le facultan para capitanear la huida de Raccoon City, el lugar más peligroso del planeta. Por desgracia no todo es cuestión de poner pies en polvorosa, ya que también necesitará luchar contra las fuerzas de la Umbrella Corporation, las violentas criaturas de bioingeniería creadas en sus laboratorios, unos zombis que asolan la ciudad y que siguen tan hambrientos como siempre.

El veterano Witt se une al guionista Paul W.S Anderson, quien también ejerce como productor, para demostrar que el cine de zombis puede ser cada vez un poco más violento, hasta acercarnos a una visión apocalíptica del infierno. Ambos nos devuelven un género que últimamente había sido tratado con poca fortuna, sacándonos a bestias aún más horrorosas, algunas de las cuales parecen inspiradas en filmes anteriores. Jovovich está en una forma excelente y lo manifiesta saltando, buceando, desafiando la gravedad, dando patadas al mejor estilo marcial y demostrando en suma que las chicas son cada día más guerreras. Bueno, también hay algo de risa en muchas acciones, pero seguramente no es un defecto, sino un hecho deliberado.

SHAUN OF THE DEAD
Zombie Party (2004)

Director: Edgar Wright
Guión: Edgar Wright y Simon Pegg
Música: Daniel Mudford y Pete Woodhead.

Intérpretes:
SIMON PEGG: Shaun
KATE ASHFIELD: Liz
NICK FROST: Ed

Simón Pegg y Edgar Wright no son unos desconocidos en el mundo del video juego ni en televisión, siendo autores de la serie de televisión "Spaced", entre otros logros. Suelen ser hábiles con la fotografía y los diálogos, aunque ahora, al contrario que en la serie de televisión, los chistes son menos importantes, y por ello, quienes esperen ver algo parecido a "Zombi" de George Romero, se pueden sentir decepcionados.

La historia comienza mostrándonos a Shaun, un perdedor, o lo que igual, alguien que intenta empresas condenadas de antemano al fracaso, por lo que se dedica a robar en los callejones oscu-

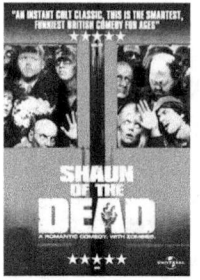

ros. Su novia Liz se exaspera por su falta de ambiciones y decide dejarle, y como resultado Shaun piensa que ha llegado casi el fin del mundo. Bien, la chica no era para tanto, pero al menos era más guapa que cualquiera de los zombis que comienzan a salir, convirtiéndose ya en una plaga. Desde ese momento el espectador se da cuenta que la película es mejor de lo esperado, con escenas de suspense y terror bien logradas.

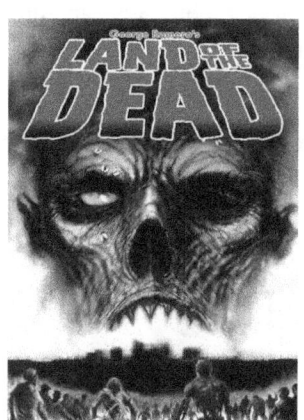

LA TIERRA DE LOS MUERTOS VIVIENTES
Land of the Dead 2005

Director: George A. Romero
Guión: George A. Romero
Fotografía: Miroslaw Baszak

Intérpretes:
SIMON BAKER: Riley
JOHN LEGUIZAMO: Cholo
DENNIS HOPPER: Kaufman
ASIA ARGENTO: Slack

Los tierra de los muertos vivientes tiene lugar en un mundo devastado. Sólo hay electricidad en algunos lugares dentro de la ciudad en donde la gente trata de llevar una vida normal. Fuera, los muertos han aprendido a vivir (menuda paradoja) y ahora son más veloces, más listos y pronto consiguen manejar con cierta precisión las armas de fuego.

Romero consigue con su obra que nos creamos la posibilidad de ser invadidos por los zombis y merced a ello hasta les tenemos más respeto que nunca, pues parecía que nos habíamos acostumbrado a su presencia. Para alegría de todos los aficionados, la historia es inconclusa, así que pronto les veremos de nuevo.

Fantasmas

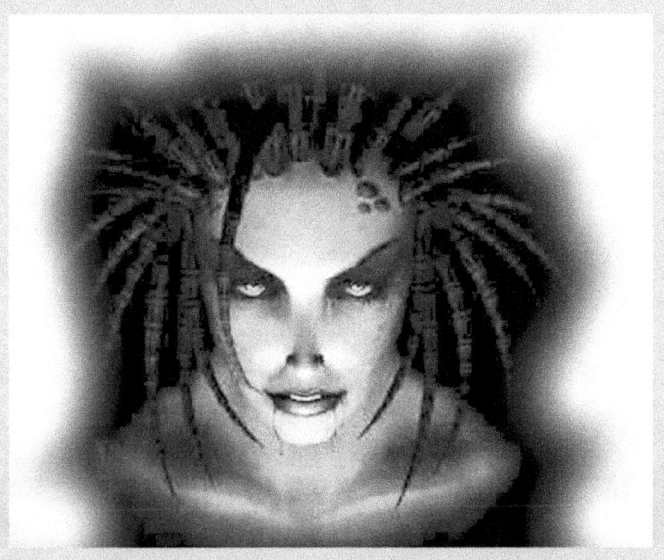

Sutiles, transparentes, deslizantes y habitualmente tenebrosos, los fantasmas nos han perseguido tanto en nuestros sueños como en la realidad, en los cementerios o en nuestras casas. Pueden ser malvados, vengativos y sádicos, pero también sabemos de su inclinación por las bromas pesadas, o por el juego, tal y como recordamos en *Casper*. Habitan mayormente en casas muy antiguas, caserones enormes y por supuesto palacios, ya que en todos ellos han ocurrido muertes sorpresivas y dramáticas, dando lugar a que los espíritus de esos difuntos vaguen durante siglos por pasillos y escaleras.

Ataviados con harapos y sábanas bastante mugrientas, las mujeres fantasmales todavía conservan cierta coquetería y se pintan y peinan con esmero, mientras que los hombres que antaño fueron militares prefieren seguir luciendo sus uniformes. Sin embargo, ahora una nueva legión de fantasmas invaden las salas de cine, mucho más peligrosos e indestructibles, siendo una buena muestra los engendros protagonistas de *Jeepers Creepers, Sleepy Hollow y Candyman,* un trío a quienes nos gustaría ver asistiendo a un entierro, más que nada para preguntarles qué tal se vive en el Más Allá.

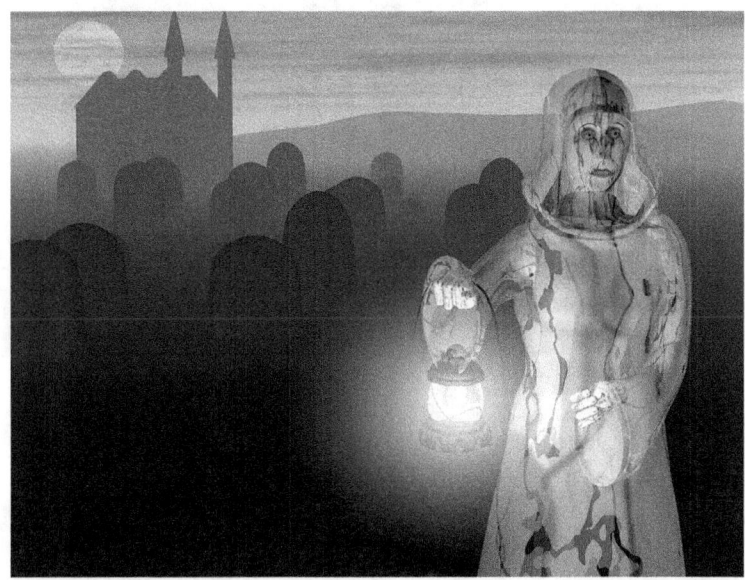

PELÍCULAS

HOUSE ON HAUNTED HILL
(1958)

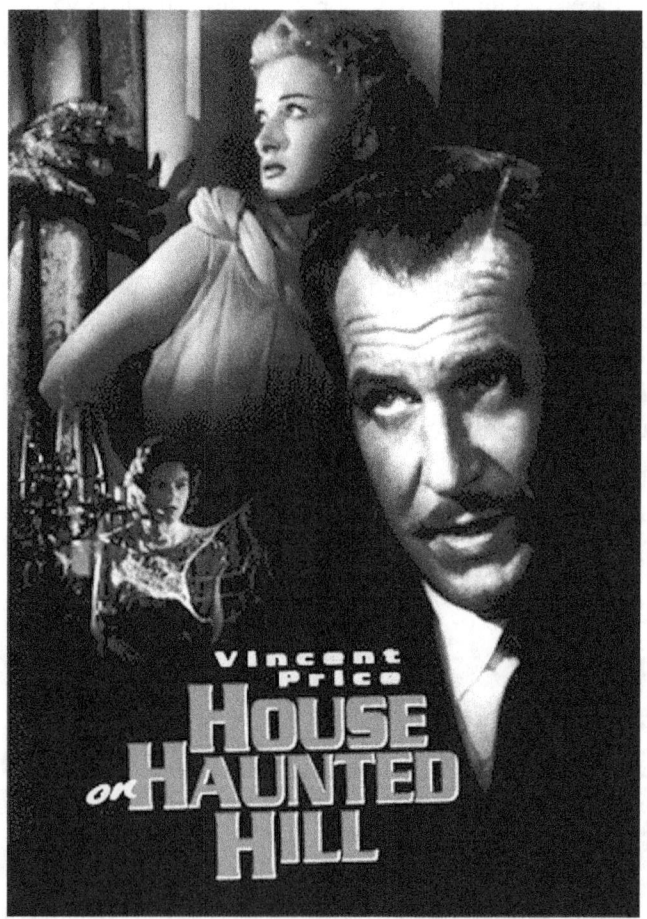

Director: William Castle
Guión: Robb White

Intérpretes:
VINCENT PRICE: Frederick Loren
RICHARD LONG: Lance Schroeder
CAROLYN CRAIG: Nora Manning
CAROL OHMART: Annabelle Loren
ALAN MARSHAL: David Trent

Frederick Loren, un excéntrico millonario, invita a cinco personas a su mansión, en donde se dice que se han cometido varios crímenes en el pasado. Loren ofrece a sus invitados (los cuales no se conocen entre ellos ni a su anfitrión y tienen necesidad urgente de dinero), nada menos que 10.000 dólares si permanecen en la casa desde las 12 de la noche hasta la mañana siguiente. Mientras, estarán encerrados e incomunicados y para confirmarlo las puertas poseen enormes y sólidos candados. Así pues, los cinco extraños, el magnate y su esposa permanecen en la casa, en la que comienzan a ocurrir sucesos extraños.
Considerada ya como la más popular de las películas de William Castle, y contando con la estimable presencia de Vincent Price, siempre capaz de crear un personaje tétrico sin que deje de despertar cierta simpatía en el espectador, nos introducen lentamente en un ambiente tenebroso lleno de intriga.

De nuevo en el mercado gracias a la eclosión del DVD, y recordada también por el remake posterior, las sombrías intenciones del millonario Frederick Loren nunca quedan suficientemente explicadas, ni siquiera cuando vemos que allí han muerto anteriormente cuatro hombres y tres mujeres, quedando como muestra manchas de sangre en el techo. Por supuesto, los fantasmas son abundantes, algunos simplemente como esqueletos, no demasiado terroríficos, pero de cualquier modo inquietantes. Ellos, los fantasmas, tienen como pasión tocar el órgano, pero lo hacen siempre como señuelo para atraer a los humanos.

TRECE FANTASMAS
13 Ghosts (1960)

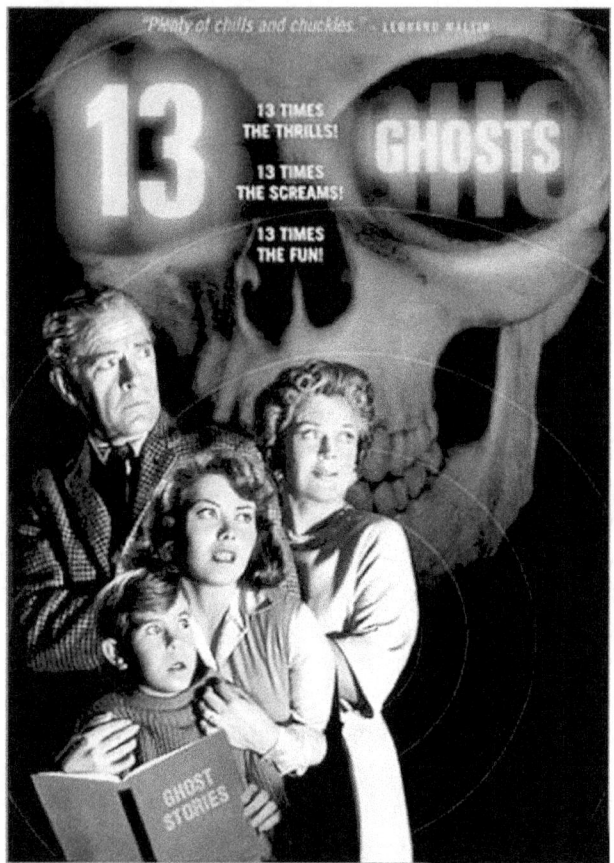

Director: William Castle
Guión: Robb White

Intérpretes:
CHARLES HERBERT: Buck Zorba
JO MORROW: Medea Zorba
ROSEMARY DECAMP: Hilda Zorba

En los años 50 y principios de los 60, Hollywood intentó incorporar más realismo y entusiasmo a las películas (esencialmente para competir con la televisión), agregando trucos y sensacionalismos como el 3D. El director William Castle fue uno de los entusiastas de esta técnica aplicada al cine de terror, pero no pudo evitar la mala calidad del visionado a causa del sistema empleado entonces. Cuando el espectador se ponía las gafas bicolores, fabricadas con plásticos en lugar de cristales, todo se ensombrecía, se mostraba bastante borroso, y el relieve no era ni mucho menos tan espectacular como el de ahora.

Este filme apareció justo cuando la desilusión ya era notoria, aunque todavía consiguió que el espectador acusara por breves momentos algún susto. La idea novedosa es que ahora el espectador solamente podía ver a los fantasmas si miraba a través del filtro rojo, o no verlos si lo hacía por el azul. El resto del filme transcurría en blanco y negro, debiendo prescindir de las gafas, aunque en ciertos momentos de especial terror el relieve volvía a estar presente, esta vez con los fantasmas saliendo de la pantalla en dirección al asustado espectador. La historia nos habla de una familia que hereda un par de extrañas gafas, y una casa en donde se supone que hay un tesoro, así como 12 fantasmas y algunos criados. El truco de la herencia es que deben vivir en la casa y encontrar al 13º fantasma, pues así dispondrán para siempre de la gran mansión. Pero mientras los 13 fantasmas sigan presentes nadie estará seguro, así que hay que encerrarlos.

DANZA MACABRA
Castle of Blood (1964)

Director: Anthony Dawson

Intérpretes:
BARBARA STEELE: Elisabeth
PHIL KARSON
GEORGES RIVIERE
MARGARET ROBSHAM: Julia

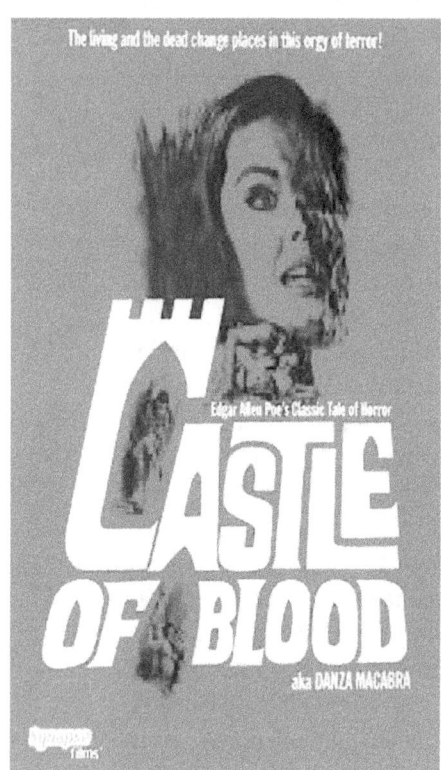

Cuando el escritor Edgar Allan Poe visita Londres, tiene una entrevista con el periodista Alan British, quien le hace blanco de sus críticas peculiares. Está convencido de que todas las historias macabras de Poe están basadas en experiencias reales, por lo que acepta una apuesta de Poe y de su amigo Sir Thomas Blackwood para pasar una noche entera en el castillo Blackwood. Una vez allí, y aunque el castillo está abandonado, descubre que no está solo, pues frecuentemente ve a su alrededor personas, hombres y mujeres. Sir Thomas le explica que son almas perdidas maldecidas que deben revivir las circunstancias de su fallecimiento en el aniversario de su muerte.

Se trata de una casi desconocida película de terror, filmada en blanco y negro, sumamente censurada en su momento, en la cual se demuestra que se puede producir terror con el uso adecuado de las luces y las sombras. Además, y puesto que uno de los fantasmas es la bella Barbara Steele, el aliciente es aún mayor, pues aunque no la tenemos miedo nos alegramos cada vez que aparece bruscamente, más que nada porque ya sabemos que los fantasmas solamente llevan un transparente velo blanco. Bien, la historia es realmente buena, casi tendiendo hacia una tragedia griega en donde hay un adulterio y tres personas que mueren en el plazo de diez segundos. Este argumento supuso un alivio ante tanta historia de terror procedente de Italia, con abundancia de escenas lésbicas, necrofilia y sadismo, en las cuales la poesía era reemplazada por el mal gusto.

LA LEYENDA DE LA MANSIÓN DEL INFIERNO
The legend of hell house (1973)

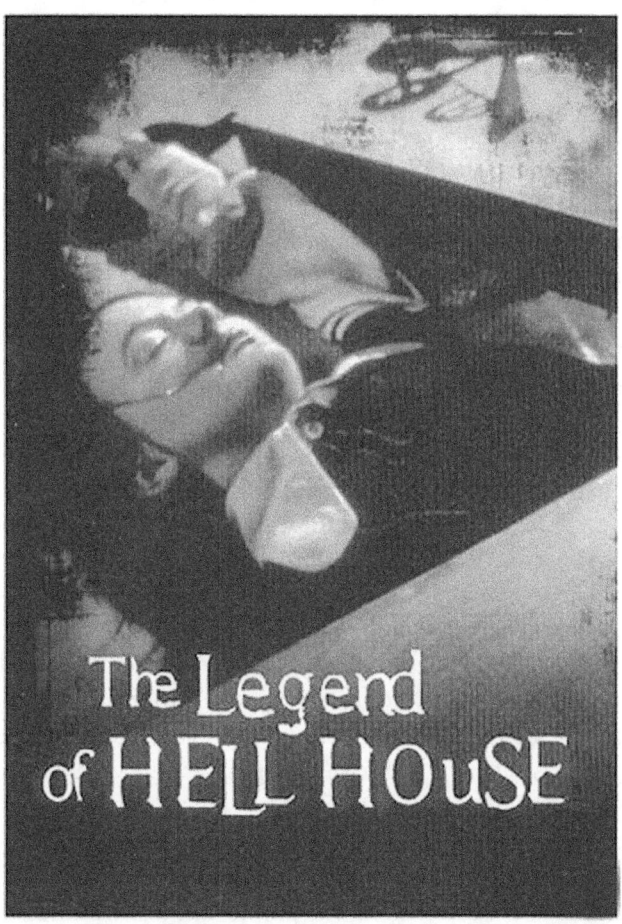

Director: John Hough
Productor: Albert Fennell, Norman T. Herman
Guión: Richard Matheson
Basada en la novela de: Hell House
Fotografía: Alan Hume
Música: Brian Hodgson, Delia Derbyshire

CINE DE ZOMBIES Y FANTASMAS

Intérpretes:
> RODDY McDOWALL: Ben Fischer
> PAMELA FRANKLIN: Florence Tanner
> CLIVE REVILL: Chris Barret
> PETER BOWLES: Hanley

Extraordinaria película de terror que fue mayoritariamente apoyada por público y crítica. La violencia de la Mansión Encantada contra los intrusos y el erotismo de Pamela Franklin fueron los dos pilares del argumento, extraordinariamente condensado para la película por el autor de la novela.

Según nos cuentan, los anteriores experimentos psíquicos para sondear los secretos de la casa acabaron con todos sus habitantes muertos excepto uno, el mejor científico paranormal de ese momento. Ahora él regresa con mejores medios espirituales y con un hombre racional, Barrett, que insiste en que todos los fenómenos paranormales tienen explicaciones científicas; pero cuando comienzan los golpes en las puertas para cerrarse detrás de ellos en esta Casa del Infierno, llega el estupor.

Aquella mansión gótica está poseída por algo diabólico, realizándose un experimento con el grupo de personas especialmente elegidas por su percepción extrasensorial. Entre todos deben averiguar qué hay allí y contactar con el espíritu, aunque no pueden prever los nuevos acontecimientos tenebrosos que su experimento ocasionará. Una de las integrantes, Eleanor, será la primera que contacte con esa entidad.

El terror en este caso es psicológico, apenas real, morboso y con fuertes tendencias sexuales larvadas. La casa encantada está habitada por un espíritu varón, por lo que las hembras tienen todas las posibilidades para contactar con él, razón por la cual el director aprovecha para mostrar un estudio psicológico de los personajes femeninos.

La película es esencialmente una historia de terror sobrenatural, algo habitual, y pronto aparecen cosas flotando y candelabros que se mueven amenazadores.

TERROR EN AMITYVILLE
The Amityville horror (1979)

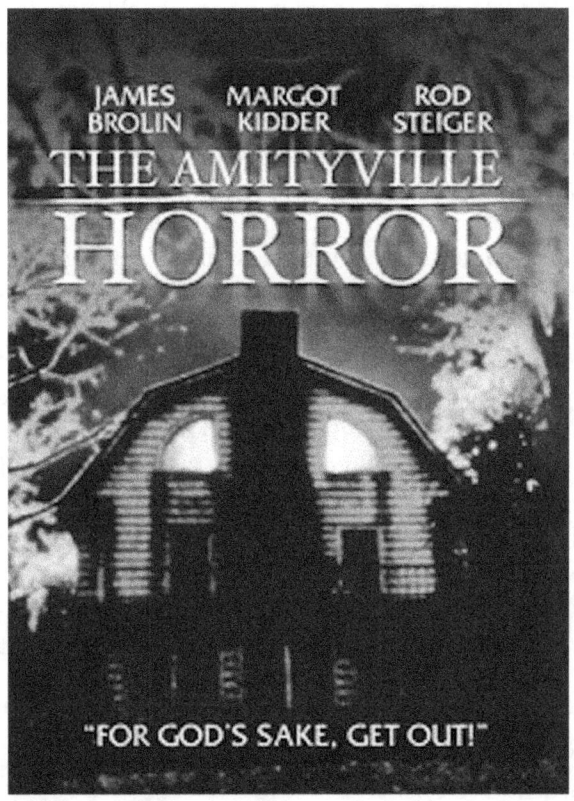

Producida por: Samuel Z. Arkoff
Dirigida por: Stuart Stern

Intérpretes:
JAMES BROLIN
MARGOT KIDDER
ROD STEIGER

Que en Estados Unidos todo es posible lo demuestra el argumento de esta película "basada en un hecho real", un éxito editorial sin precedentes, muy cercano a "El retorno de los brujos". La historia nos cuenta la llegada a una casa maldita de una familia normal, la cual empieza a ser víctima de la maldición de un espíritu maligno. El marido es pronto presa de una locura imparable que le impulsa a querer matar a todos los habitantes de la casa y a rechazar cualquier tipo de ayuda exterior. Por supuesto, la mansión -y su espíritu- poseen poderes telequinésicos propios e impiden que salgan o entren quienes no desean. Con el tiempo, esa hermosa casa colonial en Amityville que parecía el hogar ideal para George Lutz, su esposa Kathleen y los niños, se convierte en una trampa mortal pese a los intentos de un sacerdote para alejar al espíritu maligno mediante un exorcismo. Pero ese espíritu tiene el oído duro y el aliento gélido, así que un viento frío y muchos sonidos misteriosos envuelven el ambiente, al mismo tiempo que las paredes exudan, aparecen ojos brillantes y sangre por doquier. Dirigida por Stuart Rosenberg, la película es ya un clásico del cine de terror que dio origen a varias secuelas, teniendo varios momentos espeluznantes y una historia razonablemente creíble, más que nada porque nos dicen que está basada en un hecho real narrado en el libro de Jay Anson. La presencia del veterano Rod Steiger y la siempre interesante Margot Kidder, son otros de los alicientes del film.

ACOSADOS POR EL DESEO
Hell Nigth (1981)

Director: Tom De Simone
Guión: Randolph Feldman
Música: Dan Wyman

Intérpretes:
LINDA BLAIR: Marti
VINCENT VAN PATTEN: Seth
PETER BARTON : Jeff

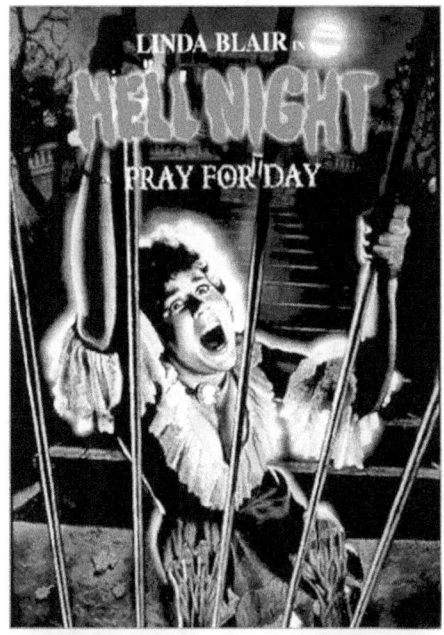

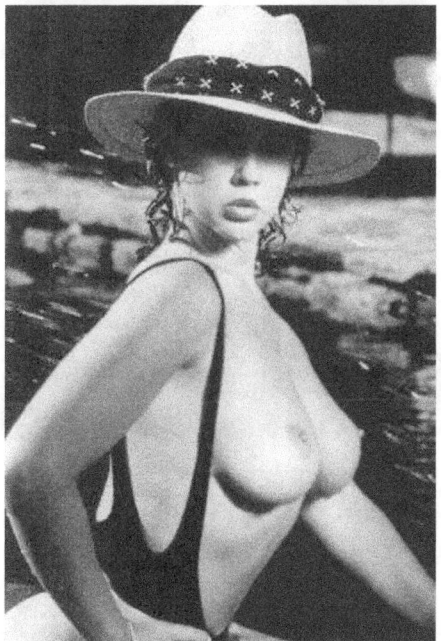

Nuestra pequeña exorcizada Linda Blair nunca ha conseguido volver a destacar en el cine después de su gran papel en "El exorcista". Para el lector despistado, le diremos que la lista de engendros cinematográficos que ha rodado incluye numerosos filmes pornográficos. Esta película de los años sesenta posee cierto mérito por los efectos especiales, y no abusa de los desnudos inadecuados, lo que ya obliga a tenerla en cuenta. En lugar de eso utiliza un suspense tradicional, y aunque la historia no es muy original, la trama posee cierto encanto al contar con cuatro mujeres que deben pasar la noche en el "Garth Manor", un lugar en donde todo puede ocurrir.

Las escenas sangrientas están dosificadas, lo mismo que las vísceras, aportando un adecuado humor dentro de esa mansión gótica oscura, con la oportuna música misteriosa. Por supuesto, la protagonista Linda Blair interpreta un papel a su medida, una chica que debe soportar un infierno con monstruo incluido.

**POLTERGEIST
(1981)**

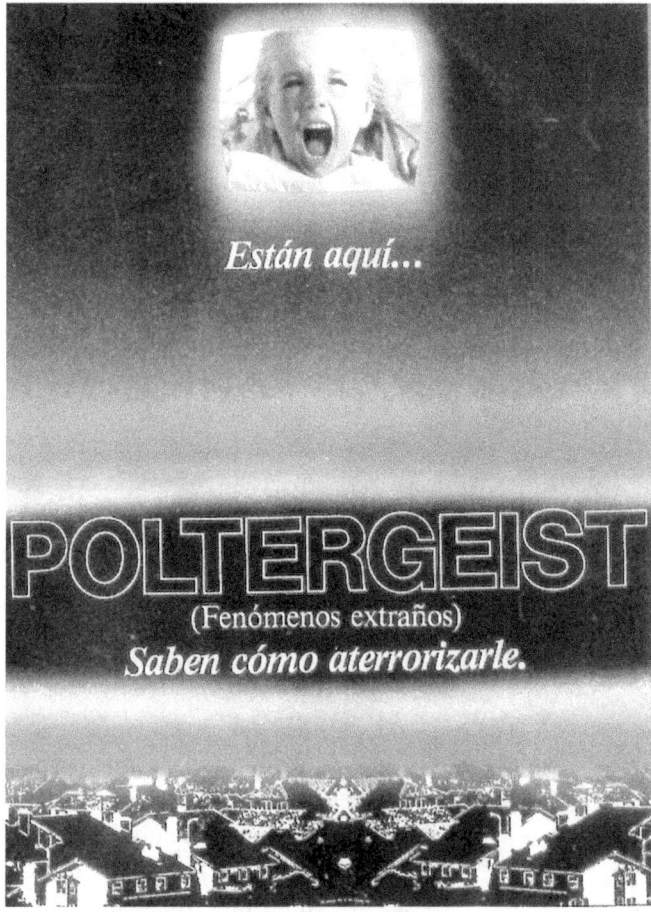

Director: Tobe Hooper
Productor: Steven Spielberg
Efectos especiales: Industrial Light and Magic

Intérpretes:
>CRAIG T. NELSON: Steve Reeling
>JOBETH WILLIANS: Diane Reeling
>BEATRIZ STRAIGHT: Lesh

Los fantasmas esta vez ya no son simples formas blancas que susurran y viajan flotando en el aire. Ahora se manifiestan con todo su poder, y aliados con el mismísimo diablo intentan secuestrar a los miembros de una tranquila familia. Pronto la más pequeña es raptada ("están aquí"...-avisa-) y sus padres deben pedir ayuda a expertos en las ciencias ocultas, quienes armados con multitud de pequeñas máquinas y sensores, intentan evitar los nuevos secuestros. Pero todo es inútil, ya que las fuerzas del mal se enfurecen y a pesar de los buenos propósitos de los expertos el problema se hace cada vez más insoportable.

Steven Spielberg demostró con este filme que podía llegar una vez más al concepto de cine familiar, y acaparó las taquillas de todo el mundo, creando una escuela nueva en la narrativa del género de terror. Con buenos efectos especiales, una interpretación simplemente discreta, y no pocos efectos súbitos, la diversión y el pánico quedaron asegurados.

Recaudó en su estreno 36 millones de dólares, pero las dos secuelas posteriores no alcanzaron el mismo resultado.

LOS CAZAFANTASMAS I y II
Ghostbusters (1984-1989)

>Director: Ivan Reitman
>Guión: Dan Aykroyd, Harold Ramis

Intérpretes:
>BILL MURRAY: Peter
>DAN AYKROYD: Raymond
>SIGOURNEY WEAVER: Dana
>HAROLD RAMIS: Egon
>RICK MORANIS: Louis

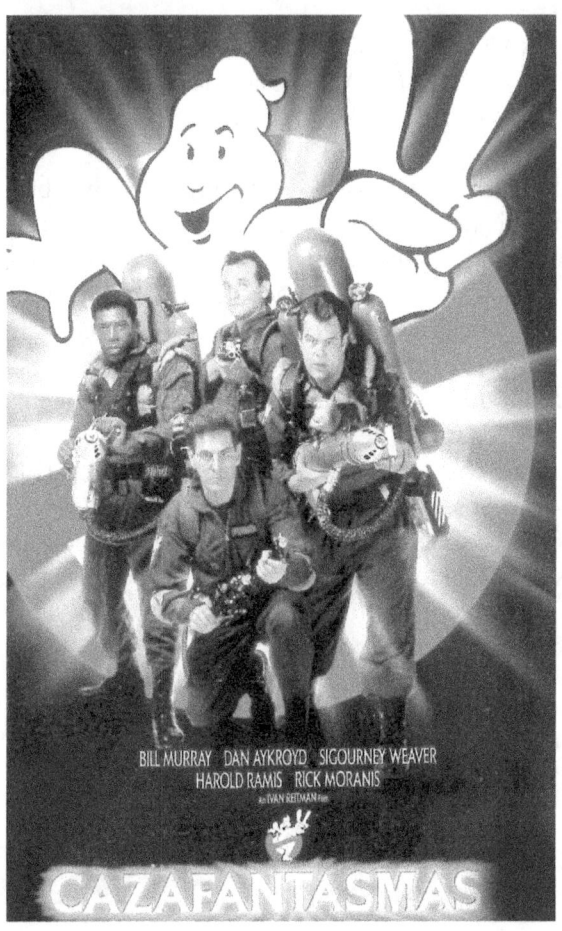

Desde América del Norte nos llegan estos increíbles cazafantasmas dotados de mucho sentido de humor, lo mismo que de cierta torpeza para conseguir atrapar a tanto fantasma suelto. El American Film Institute la ha catalogado como una de las 100 mejores comedias de la historia, lo que es un mérito si tenemos en cuenta que comparte privilegio con filmes como "Con faldas y a lo loco", por ejemplo.

La película comienza presentándonos a Murray, Dan Aykroyd, Harold Ramis y Ernie Hudson, en su pequeña oficina controlada por esa guapa pero aparentemente estúpida secretaria de nombre

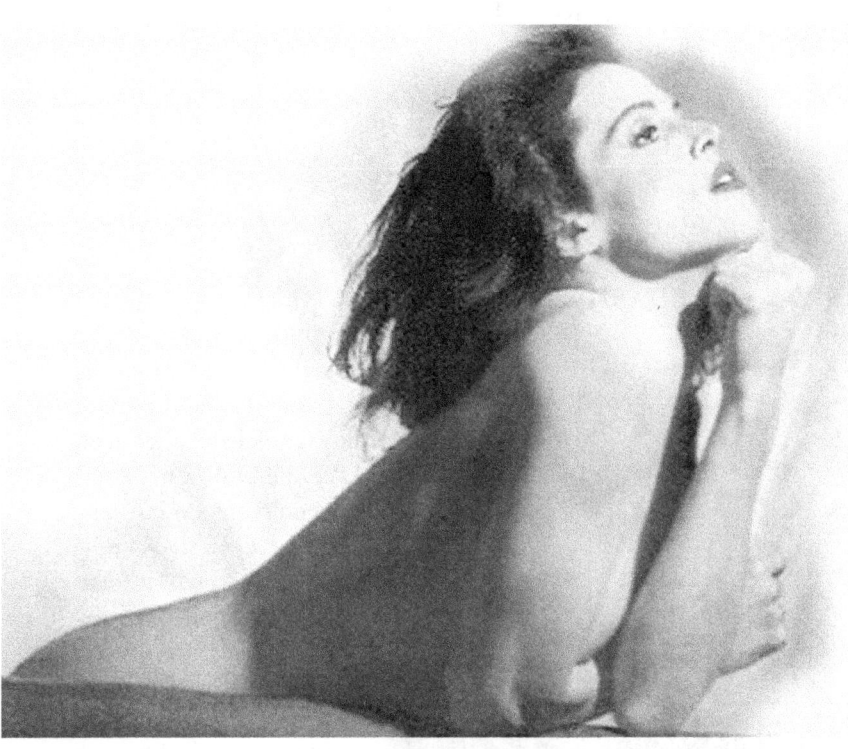

Janine Melnitz (Annie Potts.) Más adelante, y por si esos personajes no fueran ya lo suficientemente interesantes, vemos a
Sigourney Weaver y Rick Moranis, todos involucrados ya sin
remedio en esta paranoica historia de fantasmas burlones, especialmente ese llamado Gozer.

Ahora, después de tantos años, podemos considerarla sin dudas
como un clásico, aunque seguimos sin saber enclavarla en un
género concreto. Puesto que nos hemos reído con las inteligentes payasadas de Moranis deberíamos verla como una comedia,
salvo cuando esos fantasmas aparecen en la sala del tribunal o se
zampan a los tranquilos comensales de un banquete. En ese
momento está claro que es una historia de terror en mil colores,
aunque nuestro despiste se acentúa cuando aparece Sigourney
Weaver, hermosa como mujer y seductora como fantasma.

HOUSE UNA CASA ALUCINANTE
House (1986)

Director: Steve Miner

Intérpretes:
WILLIAM KATT: Roger
KAY LENZ: Sandy
RICHARD MOLL: Bing

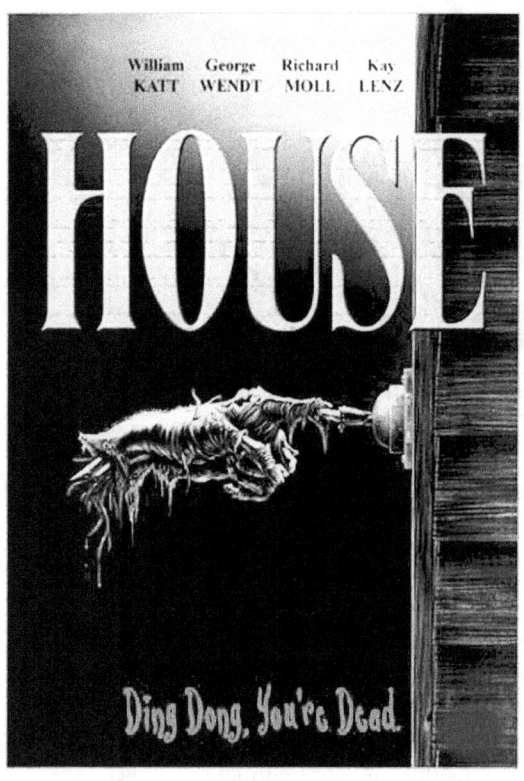

Muchos aficionados habían esperado con impaciencia la edición en DVD de este filme, posiblemente una de las películas de terror más inteligentes. Apta incluso para jovencitos, nos cuenta la historia de un escritor que ha perdido a su pequeño hijo cuando estaba en la piscina, dejándole una gran sensación de dolor y soledad. Sus problemas se agudizan cuando Roger se da cuenta de que la casa está maldita y que también tratará de matarle a él, enviando monstruos, personas macabras y unos elementos inertes que cobran vida. Pero Roger no se rinde fácilmente y decide emprender de nuevo la búsqueda de su hijo, pues ahora está seguro de que esa casa es la causante.

Rodada con una estupenda fotografía y color, además de un buen sonido, el protagonista intenta quitar truculencia a las imágenes más terroríficas, poniendo cara de estupor en lugar de pánico, o esbozando una sonrisa burlona cuando el fantasma es decididamente estúpido. No hay duda de que nos encontramos con un filme clásico de serie B, pero logra plenamente lo que pretende: entretener, hacernos reír si procede, y hasta ocasionarnos un terror saludable, lo que no es poco.

HOUSE AÚN MÁS ALUCINANTE (1987)

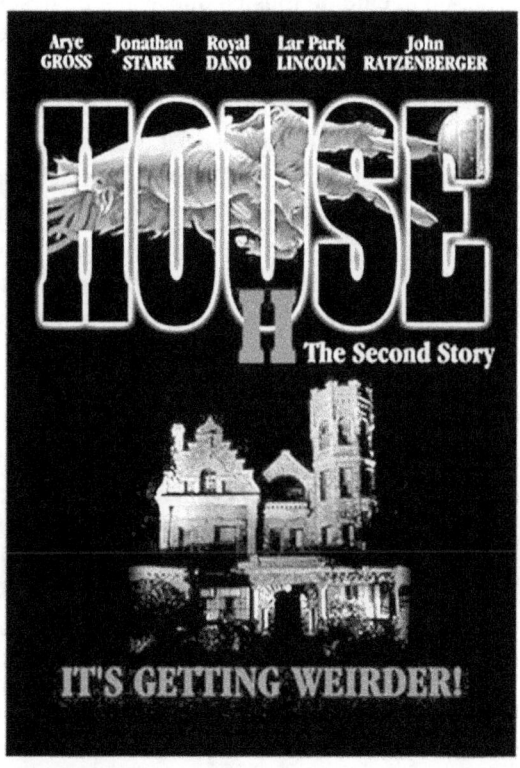

Intérpretes:
>   ARYE GROSS: Jesse
>   LAR PARK-LINCOLN: Kate
>   JONATHAN STARK: Charlie

No hay razones para anunciarnos una secuela de un buen filme, si realmente no hay ningún parecido entre ambos. Cuando tanto el director, como los protagonistas, e incluso el guionista son diferentes, resulta casi imposible que se hable de secuela, salvo que se pretenda confundir al espectador.

La historia ni siquiera está hilvanada con la anterior, pues ahora nos hablan de un yupi llamado Jesse, de su novia Kate y su amigo Charlie, un agente de música que acaba de descubrir a un nuevo talento en la figura de Jana. La casa donde están es la misma en la cual mataron a los padres de Jesse cuando él era todavía un bebé, decorada con un estilo gótico-azteca, con muchos cuartos y pasillos misteriosos. La casualidad hace que descubran un cráneo cristalino que le deja fascinado por alguna razón extraña, conduciéndole poco después hasta la tumba su abuelo Gramps, donde descubre a viejos muertos que todavía están en el limbo. Según la leyenda, la persona que posea el cráneo tendrá juventud eterna si encuentra una puerta secreta que altera el espacio-tiempo.

House 2 está bastante más descuidada que la primera entrega en cuanto al argumento, aunque posee más efectos especiales, especialmente cuando vemos esas pinturas y dinosaurios, en concreto ese pequeño pterodáctilo bebé y una criatura extraña llamada Caterpuppy, un cruce imposible de definir.

UNA HISTORIA CHINA DE FANTASMAS
Sinnui Yauman (1987)

>   Director: Ching Siu Tung
>   Guión: Yuen Kai-Chi

Intérpretes:
    LESLIE CHEUNG: Ning Tsei-Shen
    JOEY WONG: NieH Xiaoqian
    WU MA: Master Yan

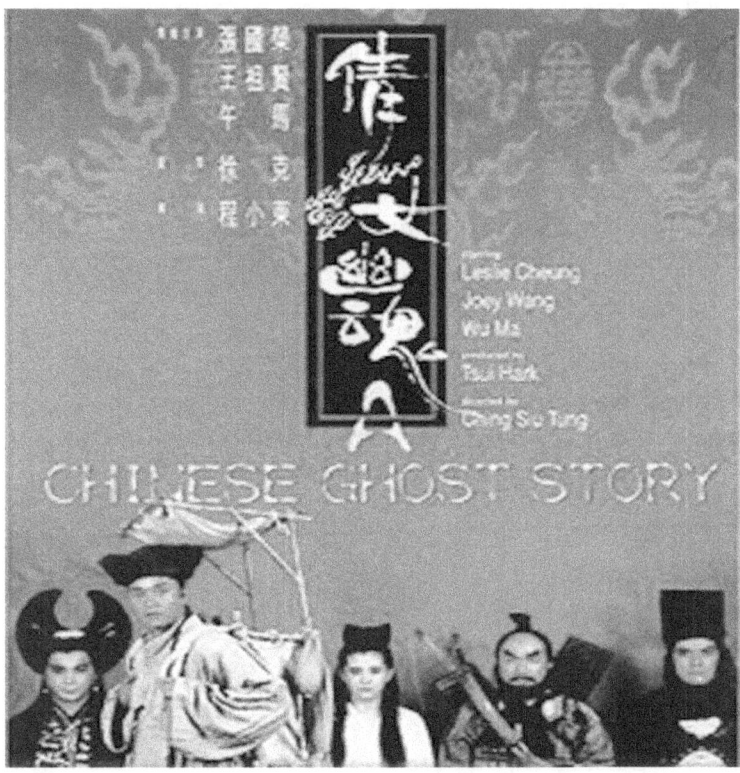

Yo había visto la segunda parte antes que la primera, y ahora he podido establecer una diferencia notoria entre ambas. Aunque hay varios puntos importantes coincidentes, como la música y algunos intérpretes, la primera historia no es tan acertada como la secuela, con menos efectos especiales y un ritmo más desigual. La historia comienza con Ning, un recaudador de impuestos, enamorándose de un fantasma femenino, un ser preso de una maldición. Ayudado por un experto en artes marciales deberá pelear con zombis, demonios y muchos fantasmas, acabando su batalla en el mismísimo infierno.

Hay quien asegura que el propio Sam Raimi se inspiró en estos dos filmes para sus siguientes películas, especialmente en los árboles animados, los tentáculos que agarran a las víctimas, el punto de vista del demonio, e incluso el grito de los árboles. Sin embargo vemos algunas diferencias notorias, puesto que ya sabemos que la vida de los fantasmas chinos es diferente que la descrita en el folklore europeo, aunque su apariencia es más carismática y menos desvalida. Parece ser que allá por China los fantasmas tienen una vida similar a los vivos, están casados, discuten, tienen parientes, etc., por lo que no es extraño que nos parezca una versión asiática de Romeo y Julieta.

La acción se desarrolla con tanta rapidez en la segunda entrega que las cosas llegan a ser confusas, problema que se agudiza al tener que introducir secuencias para explicar el inconcluso argumento de la primera entrega; aunque la férrea mano del director logra que, felizmente, el espectador asuma sin problemas la historia.

CANDYMAN
Candyman (1992)

Director: Bernard Rose
Guión: Bernard Rose

Intérpretes:
VIRGINIA MADSEN: Helen Lyle
TONY TODD: Candyman
XANDER BERKELEY: Trevor Lyle
VANESSA WILLIAMS: Anne-Marie McCoy

Para muchos, *Candyman* es la mejor película de horror de la década y la que describe con mayor precisión una historia de

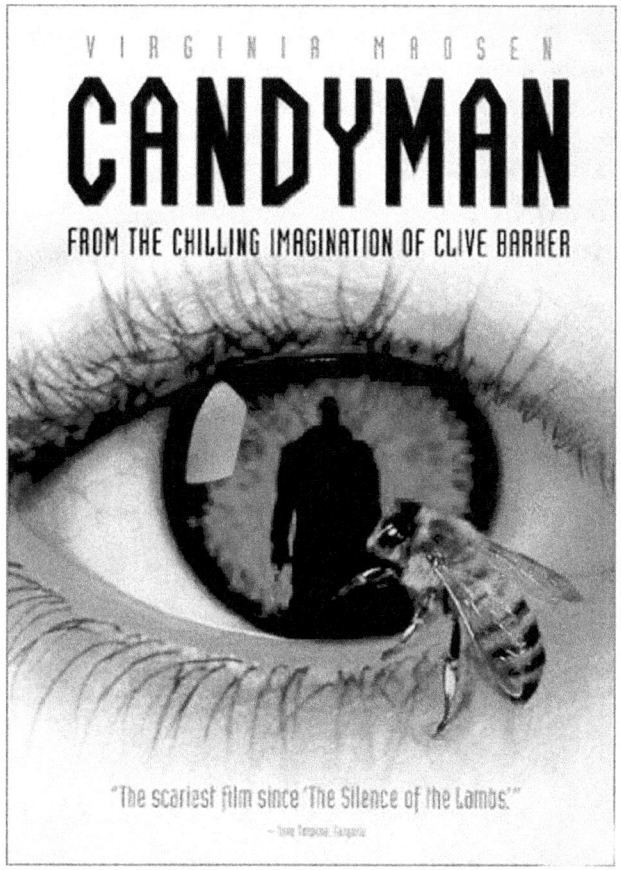

terror. Está basada en una leyenda urbana que nos asegura que quien diga "Candyman" cinco veces seguidas delante de un espejo, entrará en el otro mundo. Indudablemente hay mucha imaginación en esta suposición, por lo que podemos admitir que al menos el argumento es muy creativo.

Virginia Madsen es la mujer que intenta convencer a otras personas de que Candyman es real, mientras que Tony Todd interpreta al héroe que debe ponerse a salvo de los muertos vivientes. La historia se mueve entre el humor y la atmósfera tenebrosa, tal y como se describe en el libro de Bernard Rose, contando con una buena partitura de Philip Glass.

Triunfadora en la taquilla de 1992, comenzó con una sencilla ganancia de 5 millones de dólares, aumentando hasta los 26 millones de dólares en poco tiempo. No obstante, no ha podido desbancar a su rival *Hellraiser*, otra buena muestra de cine de terror popular.

CANDYMAN 2
Candyman: Farewell to the Flesh (1995)

Director: Bill Condon
Guión: Mark Kruger

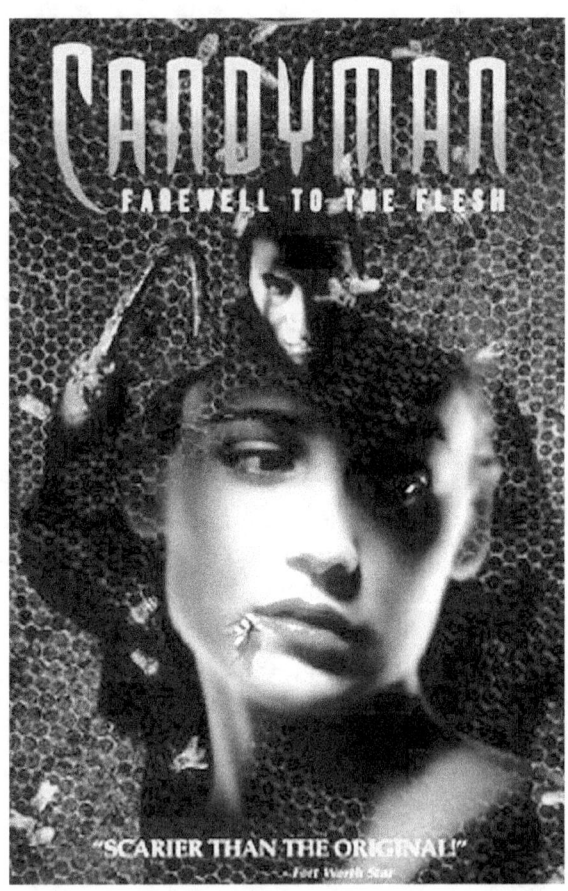

Intérpretes:
> KELLY ROWAN: Annie Tarrant
> TONY TODD: Candyman
> VERONICA CARTWRIGHT: Octavia Tarrant
> WILLIAM O'LEARY: Ethan Tarrant

Del mismo modo que *Halloween, Viernes 13*, y *Pesadilla en Elm Street*, constituyen una saga muy interesante del cine de terror, los creadores de *Candyman* han intentado crear escuela, pero en su caso deberían haberse quedado solamente con la primera parte. Y es que al contrario que en las otras series mencionadas, en *Candyman 2* solamente se ha pretendido ganar dinero, empleando trucos baratos, malas interpretaciones y un guión sin contenido. Solamente siguiendo la línea marcada en el primer filme los resultados podrían haber sido excelentes, por lo que no se entiende las razones para hacer un filme totalmente distinto.

Tanto la interpretación como la dirección son inferiores al nivel medio de una película de terror. Los aficionados decidieron ver este filme con las mejores expectativas, esperando que exploraría aún más la leyenda urbana inicial, pero en su lugar solamente tuvieron matanzas sin pausa y un alejamiento total de la idea básica.

Ahora nos hablan de Annie, una profesora de colegio que está investigando la leyenda de Candyman, ese pintor que murió cubierto por abejas hace un siglo por mantener relaciones con una joven blanca. La leyenda advierte que si pronuncias su nombre cinco veces delante de un espejo, te atravesará de abajo a arriba con un garfio. Su hermano está en prisión, acusado de asesinar al autor de un libro sobre la leyenda, pero durante el carnaval de Nueva Orleáns Annie se ve obligada a pronunciar su nombre para demostrar a sus jóvenes alumnos que no deben tener miedo de la leyenda. En ese momento se da cuenta de su estupidez, pues el horror acaba de materializarse.

HAUNTED
(1995)

Director: Lewis Gilbert
Guión: Timothy Prager
Basada en la novela de: James Herbert

Intérpretes:
AIDAN QUINN: David Ash
KATE BECKINSALE: Christina Mariell
ANTHONY ANDREWS: Robert Mariell

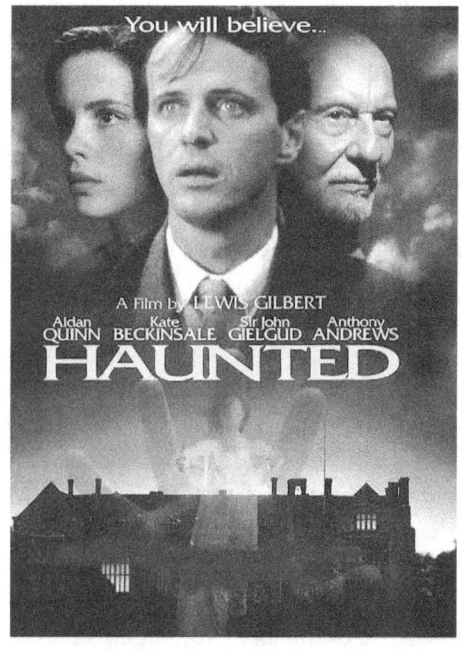

A pesar de lo que escribieron algunos otros críticos sobre esta película, considero que es sumamente entretenida. Aidan Quinn es un buen actor y la química con el resto del reparto es más que perfecta, aunque alguien ha tenido que ser el culpable de un defecto sumamente notorio. Me refiero a una escena de amor entre Kate Beckinsale y Aidan Quinn, en la cual se percibe a ambos en la cama y, repentinamente, cuando cambia el ángulo de la escena, el hombre que está haciendo el amor con Beckinsale no es Aidan Quinn. Nueva escena con ambos retozando intensamente, nuevo ángulo de cámara, y de nuevo tenemos a Quinn. Bueno, quizá es que la actriz era tan guapa que algún extra quiso probarla en

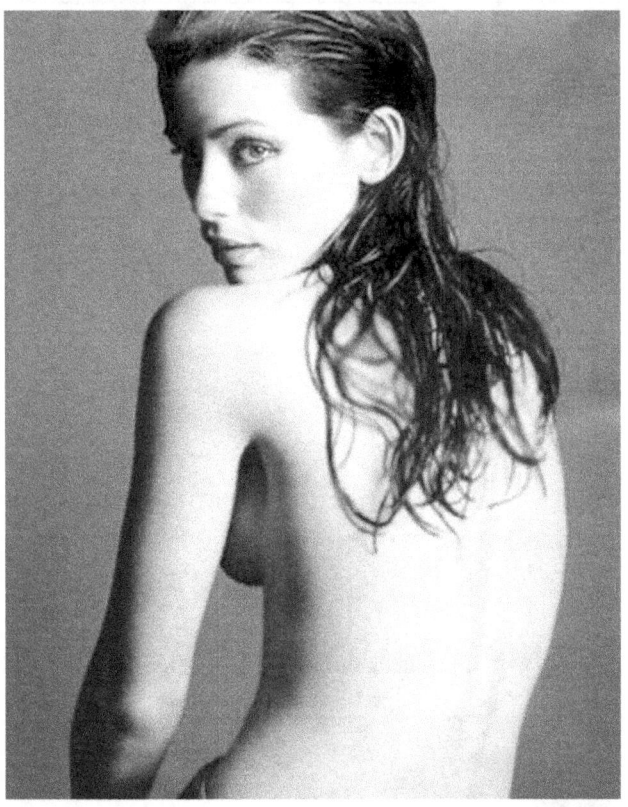

vivo. Quien desee tener más detalles de ella le recomendamos que vea "Pearl Harbor", y muy especialmente "Underworld" y "Van Helsing", en donde luce unos trajes de cuero tan ceñidos que insinúan sin problema todos sus secretos íntimos.

Aunque la película no respondió en taquilla, en general funciona bien y tiene algunas escenas logradas dentro de su estilo caduco y bastante lento. Los efectos especiales también son acertados, aunque no contribuyen a mantener la tensión y más podríamos asegurar que la disminuyen. Beckinsdale está correcta como una joven inocente pero al mismo tiempo tentadora y manipuladora.

AGÁRRAME ESOS FANTASMAS
The Frighteners (1996)

Director: Peter Jackson
Guión: Fran Walsh, Peter Jackson

Intérpretes:
MICHAEL J. FOX: Frank
TRINI ALVARADO: Lucy
PETER DOBSON: Ray
JOHN ASTIN: Juez

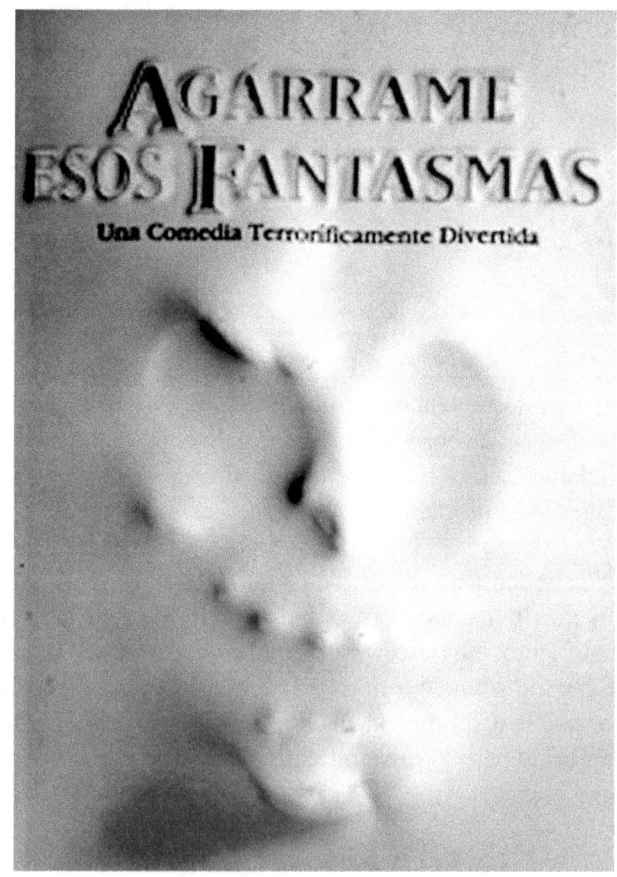

Frank, un parapsicólogo muy vivaz, jovial y con muy mala fama, es llamado por una bella mujer que está segura que tiene huéspedes fantasmales en su hogar. Cuando acude todo parece sencillo, pues habitualmente se trata de tres fantasmas amigos suyos que colaboran haciendo poltergeist para que después acuda él mismo a expulsarles. Pero en esta ocasión no es tan sencillo, ya que el intruso es un ser sobrenatural con muy mala leche y capaz de matar incluso a los propios difuntos, por lo que lo más sensato es poner pies en polvorosa y escapar. Desdichadamente, este engendro es más rápido, letal y eficaz que todos los fantasmas juntos.

Aprovechando las tecnologías digitales, Peter Jackson vuelve al género de terror acompañado por ese adulto con cara de niño travieso que es Michael J. Fox, posteriormente retirado del cine a causa de una enfermedad degenerativa del sistema nervioso. El guión y la producción son correctos y posiblemente también la dirección, pero el filme da la impresión de estar realizado con pocos medios económicos y excesivamente deprisa.
Indudablemente Jackson tiene siempre su propia y única manera de rodar películas, encontrándose a gusto con los efectos especiales complejos, pero en esta ocasión tuvo que competir con la exitosa "Independence Day", indudablemente mucho mejor diseñada. También es posible que los fantasmas amistosos no acaben de gustar al público, que no les asusten nada, pues resulta difícil asimilar que una escena de terror motive a la risa a causa de un buen, pero inoportuno, chiste.

CANDYMAN 3
Candyman: Day of the Dead (1999)

Director: Turi Meyer
Guión: Turi Meyer, Al Septien
Música: Adam Gorgoni
Fotografía: Michael G.Wojciechowski
Efectos Especiales: Gary Tunnicliffe, Image Animation

Intérpretes:
    TONY TODD: Daniel
    DONNA D´ERRICO: Caroline
    NICK CORRI
    ALEXIA ROBINSON

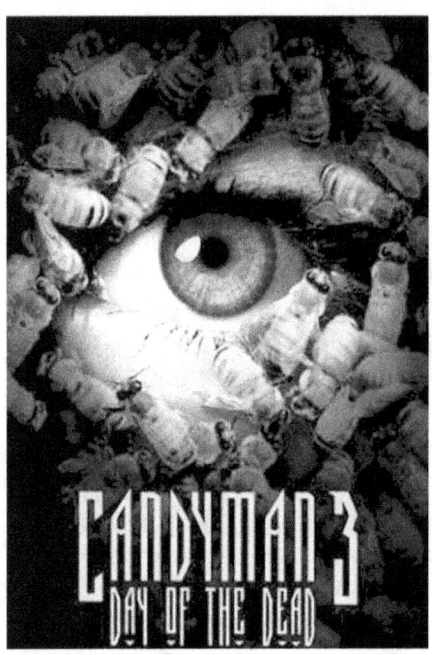

Es difícil explicar la tercera entrega de una película cuya segunda parte no ha sido adecuada. No obstante, este caso es bastante habitual y los productores solamente esperan remontar la serie, corrigiendo los errores y magnificando las virtudes. Sin embargo, de nuevo tenemos como fondo de la historia mucha sangre, más incluso que en la segunda entrega, lo que ya parecía difícil.

La película vuelve a girar en torno a un hombre que murió a causa del ataque de un enjambre de abejas que vivían en su hogar. Pero cuando alguien pronuncia su nombre cinco veces vuelve del más allá, matando con su gancho a todo el que se pone por delante. Hay una buena escena en la cual una joven mira su imagen en el espejo, la de una mujer rubia y bella, pero detrás aparece la de un fantasma, quien súbitamente le corta el cuello.

Dicen que nunca segundas partes fueron buenas, pero como también aseguran que a la tercera va la vencida, en este caso hay que darle un aprobado en la fotografía y el sonido. Sobre lo demás, debemos reconocer que aunque habíamos dejado de ser fans de Candyman, después de ver esta tercera entrega restauramos nuestra fe. Tony Todd interpreta de nuevo a Candyman/Daniel;

ahora con un aspecto más terrorífico que antes, mucho más irreal y oscuro. En este caso la principal víctima (no la única, se lo aseguro) es Caroline McKeever (Donna D'errico), que no sólo será perseguida por Candyman sino por un policía que quiere culparla de todos los crímenes de su fantasmal pariente.

Como nota curiosa, hay que destacar que se usaron 450.000 abejas auténticas denominadas prematuras, pues carecen de la capacidad de volar y picar, pero incluso así Todd debió usar un protector bucal para evitar que en una escena los pequeños himenópteros penetrasen en su garganta.

HOUSE AND THE HAUNTED HILL (1999)

Director: William Malone

Intérpretes:
GEOFFREY RUSH: Steven
FAMKE JANSSEN: Evelyn
TAYE DIGGS: Eddie
PETER GALLAGHER: Donald

Tengo que admitir que suelo tener cierto prejuicio negativo hacia las películas de terror con adolescentes incluidos, especialmente si se desarrollan en una casa encantada. El horror es un género que me apasiona casi tanto como la ciencia-ficción, y por razones psicológicas encuentro siempre muy interesante que existan casas encantadas, aunque personalmente no he tenido la suerte de estar en una de ellas. En este caso, esta casa de la colina es más entretenida que otras, está bien dirigida y ciertamente se pasa un rato agradable (?) viéndola.

El argumento gira en torno a un multimillonario llamado Steven Price, quien deseoso de satisfacer los gustos morbosos de su esposa Evelyn le organiza una fiesta de cumpleaños en el antiguo Instituto Psiquiátrico Vannacutt. Allí se habían efectuado

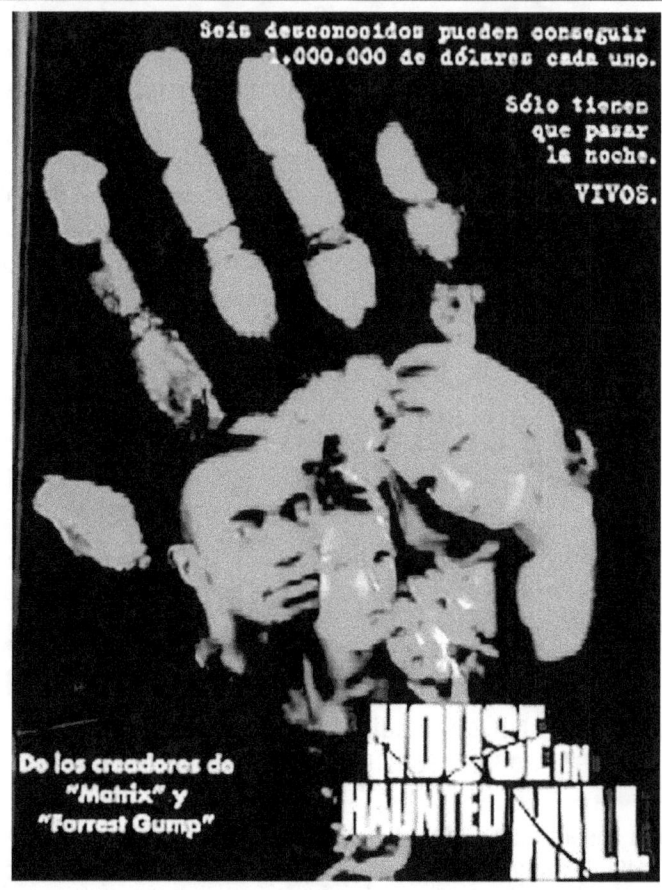

horribles experimentos médicos, con numerosos asesinatos y torturas, quedando en el ambiente un olor a muerte y venganza. Pronto llegan los invitados, pero cuando comienzan los sustos, las voces y los accidentes, todos se convierten en sospechosos, entre ellos el multimillonario. Por eso algunos se quieren marchar cuanto antes, pero les retiene un sustancioso premio para quien permanezca una noche entera. Alentados se quedan, ya que están seguros que todo está planeado de antemano y que los fantasmas son solamente trucos. Su horror comienza cuando se activan en el interior cierres de seguridad para impedirles la huida, simultáneamente con los primeros y macabros asesinatos.

LA GUARIDA
The hauting (1999)

Guión: David Self
Fotografía: Kart Walter
Música: Jerry Goldsmith
Director: Jan De Bont

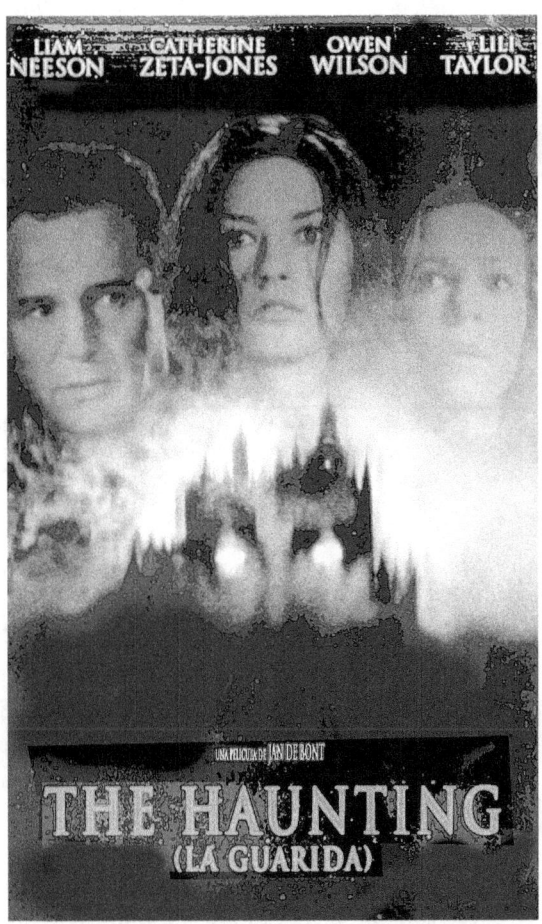

Intérpretes:

LIAM NELSON : David
CATHERINE ZETA-JONES: Theo
LILI TAYLOR: Nell
BRUCE DERN: Luke

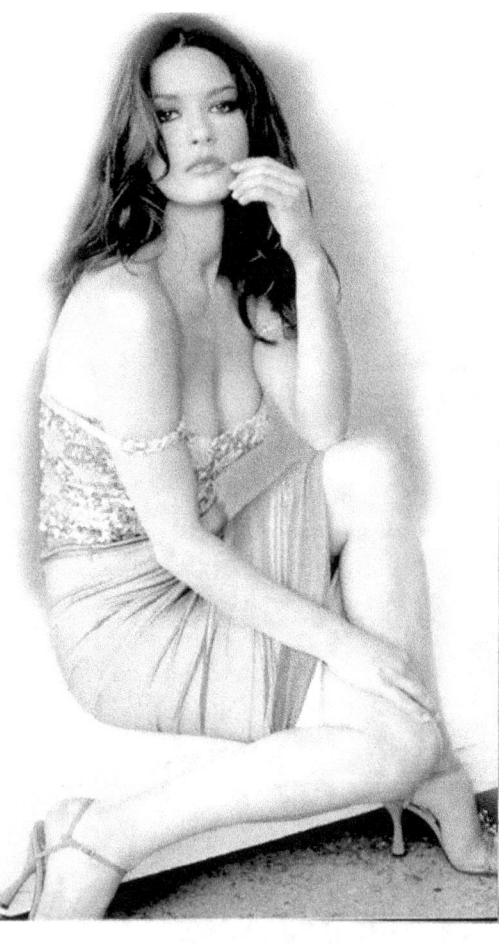

Como un remake de *La leyenda de la mansión del infierno,* nos llevan rápidamente al interior de una casa lúgubre en la cual un inquieto investigador quiere averiguar las consecuencias del horror en las personas. Todos sabemos que el miedo es malo, pero Nelson quiere demostrarnos que es aun peor de lo imaginable y está dispuesto a que sus conejillos de indias pasen un mal rato. Lo que no sabe es que la casa tiene dueño, un enorme fantasma maléfico que está dispuesto a amargar la existencia a quienes han osado despertarle de su sueño eterno. Y así, cuando la casa toma vida (ayudada por un presupuesto de 70 millones), el terror llega hasta el patio de butacas y resulta difícil no agarrarse al compañero de al lado.

El hábil director de "Speed" y "Twister" nos ofrece una historia de terror sobrenatural, con lo último en efectos especiales, alentada por la presencia de cuatro estupendos actores. Ellos parecen sostener el filme, pero lo cierto es que la protagonista en esa endiablada casa, dotada de vida propia y muy mala leche, con monstruos saliendo de las paredes e impidiendo a sus moradores que puedan escapar. Afortunadamente para los espectadores, la guapa Catherine Zeta-Jones nos permite relajarnos de vez en cuando y nos preparamos a que nos hagan sufrir de terror a cambio de dar un goce a nuestros ojos.

SLEEPY HOLLOW
El jinete sin cabeza (1999)

Música: Danny Elfman
Fotografía: Emmanuel Lubezki
Guión: Andrew Kevin
Basada en una novela de: Washington Irving
Director: Tim Burton

Intérpretes:
JOHNNY DEPP: Ichabod
CHRISTINA RICCI: Katrina
MIRANDA RICHARDSON: Van Tassel
CHRISTOPHER WALKEN: Hessian Horseman
MARTIN LANDAU: Van Garrett

Nuevamente Tim Burton asombra a sus incondicionales, pues sus historias con una mezcla imposible entre cuentos infantiles y terror clásico, logran un buen resultado. Burton consigue, con una maestría propia de un director único, relajarnos en una escena y asombrarnos en la siguiente. Sus historias fantásticas, especialmente "Eduardo Manostijeras" y "Mars Attacks!" hubieran sido un fracaso en manos de cualquier otro realizador, lo mismo que esta historia del jinete sin cabeza.
La ambientación es perfecta, igual que la fotografía, la luz y los

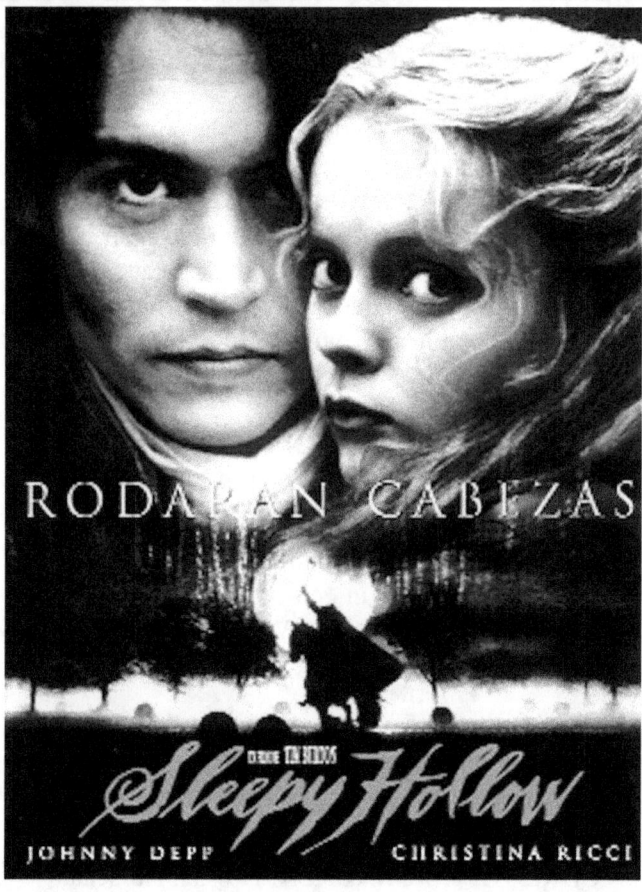

comedidos y ocultos efectos especiales (obra de IL&M). Lo
único que nos mueve al reproche es la elección de Ricci como
opositora o amante de Depp, pues la diferencia de edad es irri-
tante, así como el físico y el carácter. No conseguimos encontrar
en ellos eso que se denomina "química" y hasta creemos ver en
la cara de Depp el mismo desconcierto. Afortunadamente en la
historia hay de todo, muertos vivientes, caseríos sombríos, puertas que chirrían y una clara influencia del cine de la Hammer,
logrando entre todo una gran majestuosidad en la película.
La película se rodó en los estudios Leavesden, de Inglaterra y
ejerció como productor ejecutivo Francis Ford Coppola.

LOS OTROS
(2001)

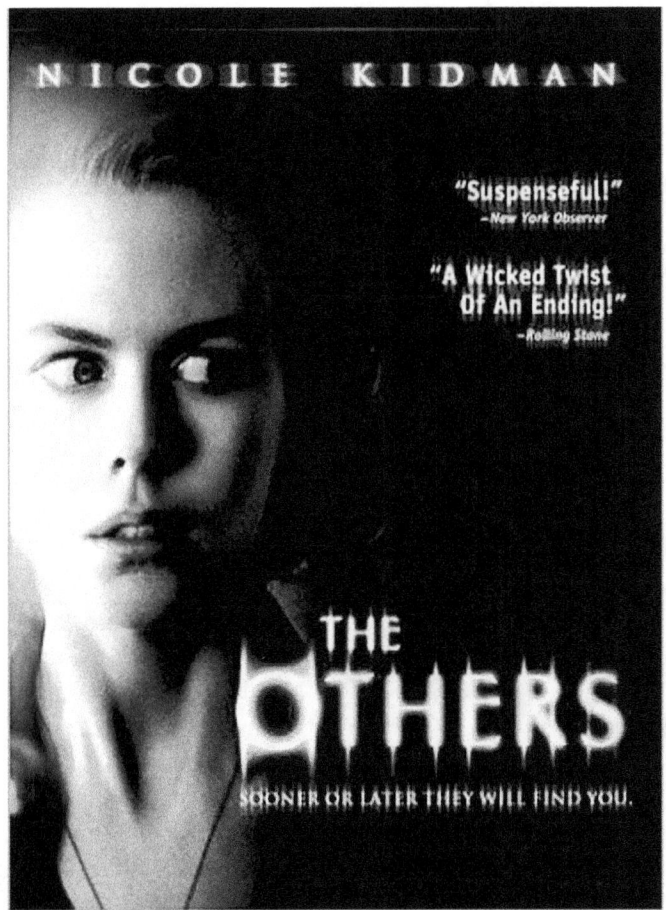

Guión y dirección: Alejandro Amenábar
Productores Ejecutivos: Tom Cruise, Paula Wagner
Fotografía: Javier Aguirresarobe
Música: Alejandro Amenábar
Sonido: Ricardo Steinberg

Intérpretes:
NICOLE KIDMAN: Grace
FIONNULA FLANAGAN: Mrs. Mills
CHRISTOPHER ECCLESTON: Charles
ALAKINA MANN: Anne

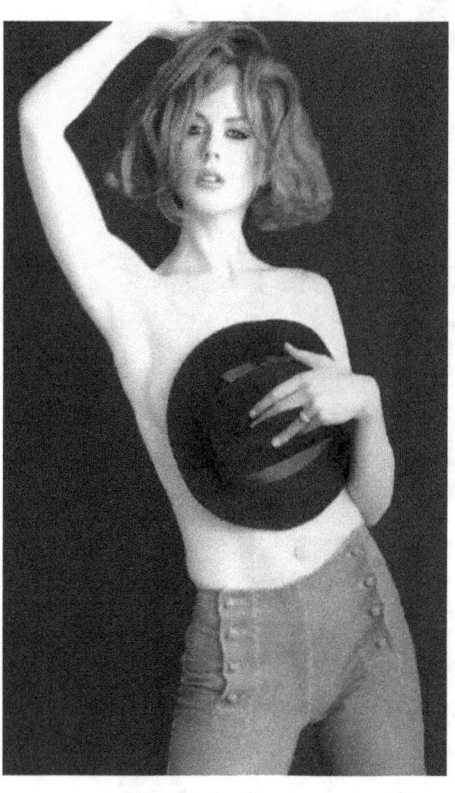

Alejandro Amenábar ha resucitado milagrosamente un género perdido hace largo tiempo: el psicodrama puro. Mientras que el resto de Hollywood confía en los cubos de sangre derramada para asustarnos, esta película nos arrastra hacia el miedo sin una gota del preciado líquido. Los efectos se logran mediante el sencillo sistema de un lugar claustrofóbico, una actuación eficaz, y un acoplamiento entre la acción y los diálogos espeluznante. Nicole Kidman aporta fuerza y una gama increíble de recursos interpretativos, tal y como la requieren en cada escena. También están excelentes los niños, lo que demuestra que las últimas incorporaciones infantiles, especialmente desde "El sexto sentido", son muy acertadas, quitándonos así ese resquemor que teníamos ante la presencia de niños insoportables.

La historia transcurre en 1945, hacia el final de la Segunda Guerra Mundial, en una isla de Inglaterra conocida como Jersey. Allí hay una mansión rodeada por la niebla en donde vive una madre que se siente amenazada por la luz exterior, además de seguir aferrada a la idea de que su marido volverá algún día de la guerra. Los criados desaparecen bruscamente una noche y ella necesita urgentemente unos sustitutos, apareciendo casi entre la niebla tres nuevos criados, un viejo y su mujer, además de una muchacha muda y retraída. Desde ese momento suceden cosas extrañas, se oyen voces, ruidos de cañerías, puertas y ventanas que se abren sin explicación, voces y figuras extrañas.

JEEPERS CREEPERS
(2001)

Director: Víctor Salva
Productores: Barry Opper y Tom Luse
Guionista: Víctor Salva
Fotografía: Don E. FauntLeRoy
Música: Bennett Salvay

Intérpretes:
JUSTIN LONG: Darryl *'Darry'* Jenner
JONATHAN BRECK: Creeper
PATRICIA BELCHER: Jezelle Gay Hartman
BRANDON SMITH: Sargento David Tubbs
EILEEN BRENNAN: Eliza *'Cat Lady'* Malloy
GINA PHILLIPS: Trish

El argumento, con más sangre que nunca y una bestia que intenta rivalizar con Freddy Krueger, nos habla de dos hermanos tan malavenidos como la mayoría, que se ven involucrados en una pesadilla en la cual nadie cree, salvo ellos y los espectadores. A nosotros nos apetecería intervenir en los personajes para que estuvieran preparados ante ese asesino monstruoso, pero nos tenemos que conformar con pasar miedo, y del bueno.
Los dos hermanos, Trish y Darry, vuelven a casa desde la universidad y deben cruzar en coche el Medio-Oeste americano.

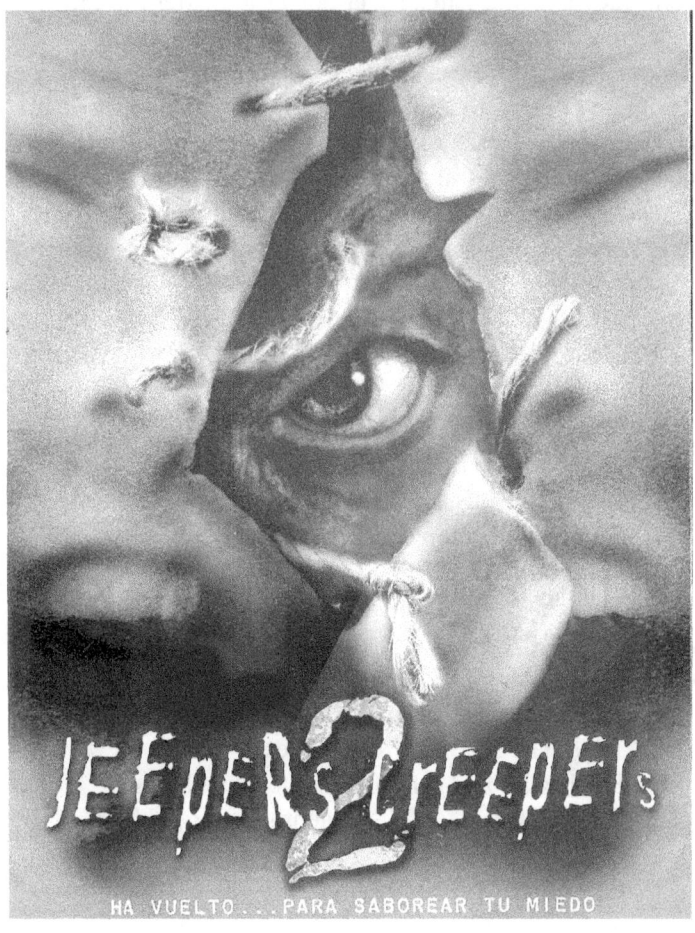

Durante su viaje a través de un paisaje inhóspito tienen un encuentro terrorífico con un loco que intenta sacarles de la carretera con su camioneta. Poco tiempo después los chicos ven al conductor junto a una iglesia abandonada y observan cómo arroja a una gran tubería abierta lo que parecen ser dos cuerpos envueltos en sábanas. Tras otro violento encuentro en la carretera, deciden regresar a la iglesia y lo que descubren allí es sólo el principio de la pesadilla. Su rutinario viaje a casa se convierte en una carrera desesperada para escapar de una criatura terrorífica

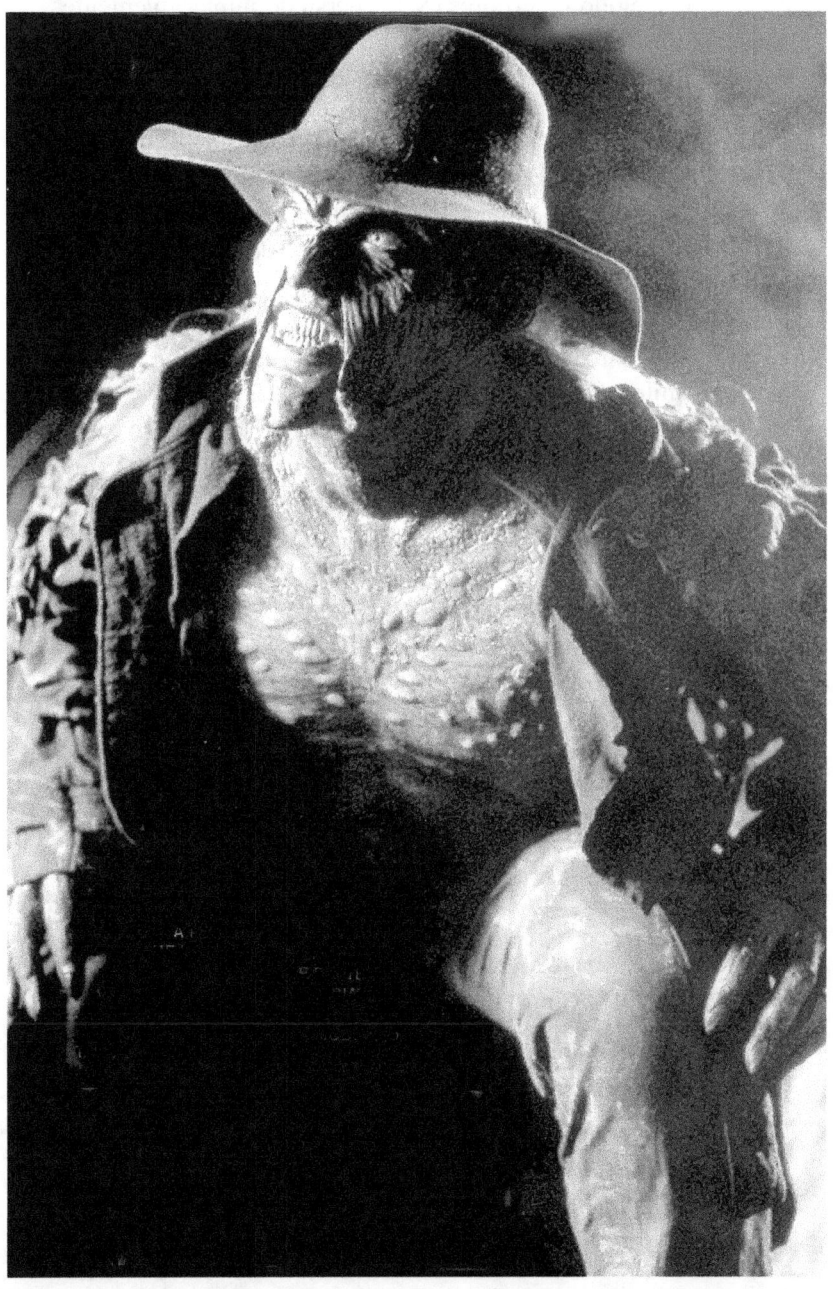

que les ha elegido como presa y les persigue implacablemente; una criatura que aparece cada cierto tiempo para alimentarse y que se ha encaprichado con los ojos azules de Darry.

El comienzo de *Jeepers Creepers* es ya claro: no habrá pausa para el espectador en su pesadilla. Víctor Salva combina la intriga con el terror de una manera estimable, haciéndonos creer sin problemas que en cualquier lugar apartado de la carretera nos podríamos encontrar con un asesino similar.

En su estreno en Estados Unidos recaudó 16 millones de dólares en tres días, marcando un nuevo récord de recaudación y superando a títulos tan taquilleros como "American Pie 2", "Hora Punta 2" y "Los Otros". Hubo una secuela de escaso éxito comercial.

13 FANTASMAS
(2001)

>Director: Steve Beck
>Guión: Robb White

Intérpretes:

>TONY SHALHOUB: Arthur Kriticos
>EMBETH DAVIDTZ: Kalina Seyler
>MATTHEW LILLARD: Dennis Rafkin
>SHANNON ELIZABETH: Kath Kriticos

Se trata de un remake de otra película del mismo título, en la cual nos regalaban unas gafas para ver en 3D a los fantasmas, aunque ahora quienes las poseen son los protagonistas, con lo cual nos quitan un peso de encima, pues son ellos quienes pasan realmente miedo. Bueno, nosotros también, ya que esos fantasmas son ciertamente terribles, pero desde la cómoda butaca del cine no es igual que dentro de esa casa fantasmal. Si hace tiempo que no ha visto una película de terror en la cual sintiera cierto escalofrío en la espalda, le recomendamos que no se la pierda, ya que los

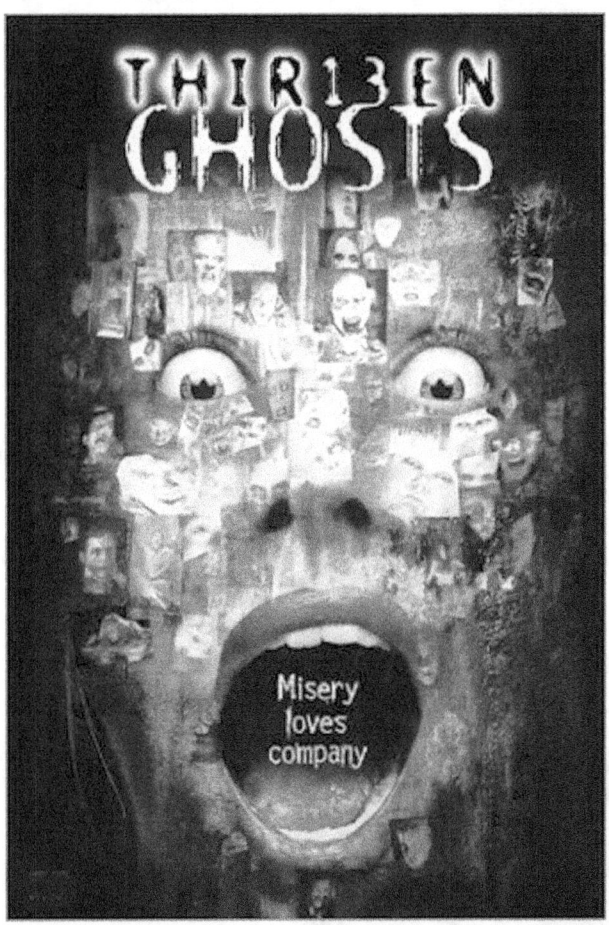

momentos en los cuales puede descansar y secarse el sudor son mínimos. Y es que esos fantasmas aparecen bruscamente, deseosos de aniquilar a los pobres habitantes de la casa, y aunque corren no les sirve de nada, ya que en la siguiente bifurcación está esperándole otro engendro más sangriento si cabe. ¿Podemos decirle que va a pasar un buen rato en una película de terror? Parece una incongruencia, pero le aseguramos que no tendrá tiempo de aburrirse.

GHOST SHIP
(2002)

Director: Steve beck
Guión: Mark Hanlon

Intérpretes:
GABRIEL BYRNE: Sean Murphy
JULIANNA MARGULIES: Maureen Epps
RON ELDARD : Dodge
DESMOND HARRINGTON : Jack Ferriman

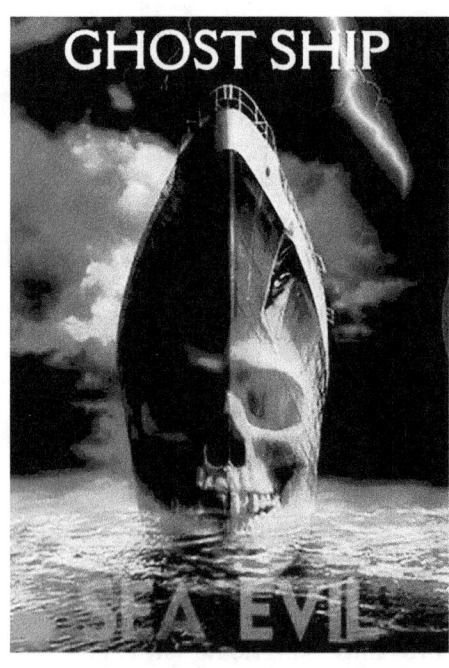

Cuando vi la propaganda de *Ghost Ship,* pensé que iba a ser justo otra de las películas de terror en la cual hay varios adolescentes estúpidos dando saltos de miedo y mucha sangre derramada. Pero las cosas no son tan sencillas y desde que aparecen los títulos de crédito ya nos indican que estamos ante una película de horror correctamente realizada. Una de las escenas más espantosas tiene lugar precisamente al principio, aunque luego nos dejan relajarnos para explicarnos que una nave de lujo, Antonia Graza, que desapareció misteriosamente en 1962 mientras estaba en alta mar, ha reaparecido mágicamente en el estrecho de Bering. Un equipo de salvamento dirigido por Sean (Gabriel Byrne) y Maureen (Julianna Margulies) lo descubre e intenta remolcarlo de nuevo a la civilización, aunque los fantasmas de las víctimas intentarán impedírselo; vamos, que quieren que les dejen en paz. Con la ayuda del fantasma de Katie, una joven que fue asesinada en la nave, el equipo se entera del porqué ocurrió todos los asesinatos y cuál es la identidad del asesino.

Podríamos realizar alguna crítica negativa del filme, especialmente por haberse apartado demasiado del argumento de la novela en busca de lograr efectos de terror bruscos, ya que la historia de Peter Straub se considera una de las mejores del género de fantasmas. Tanto es así, que enseguida vemos lagunas, pues ahora no sabemos si esas personas fallecidas eran antes igual de malvadas, ni tampoco nos aclaran suficientemente las razones de los asesinatos.

LA CASA DE LOS 1.000 CADÁVERES
The House of 1000 corpses (2003)

> Director: Rob Zombie
> Guión: Rob Zombie
> Fotografía: Tom Richmond
> Música: R. Zombie y Scout Humphrey

Intérpretes:
> SID HAIG: Capitán Spaulding
> BILL MOSELEY: Otis
> KAREN BLACK: Mamá Firefly

Unos despistados jóvenes se pierden en la carretera y llegan hasta una gasolinera destartalada, donde establecen contacto con la historia del doctor Satán, cuyo nombre hace honor a sus costumbres. El capitán Spaulding era el propietario de "El Museo de Monstruos y Descerebrados", regentando con orgullo esa gasolinera a donde llegaban los cansados viajeros para llenar sus depósitos de gasolina y sus estómagos con la receta de pollo frito secreta del anfitrión. Aficionado a descuartizar a los infelices, y torturador inspirado seguramente por el diablo, es toda una

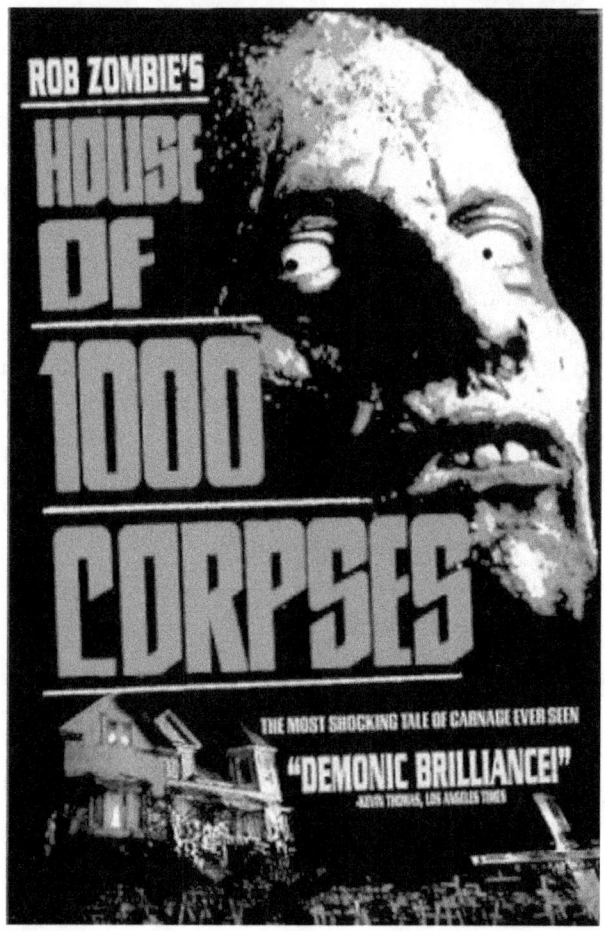

leyenda en el lugar. Los chicos, puesto que no tienen otra cosa que hacer en ese momento, investigan sobre su vida, muerte y obra, encontrándose con una familia de asesinos mucho más truculentos que el mencionado doctor. Formada por un elenco de personajes delirantes, con cada corte de garganta o puñalada en el pecho han logrado tener una amplia colección de restos humanos.

Con un espíritu satánico más próximo al circo que al cine gore tradicional, el guionista nos describe todos los tópicos del cine de los setenta, aunque con mucha más sangre si cabe. Para muchos es una muestra de pésimo gusto, casi una parodia truculenta del buen cine de terror, aunque quizá hayamos asistido mejor a un avance del cine que pronto se pondrá de moda. La atractiva Sheri Moon se muestra tan perversa como mala actriz, lo que deja en entredicho su continuación en el cine.

Inspirada en la misma historia que "La matanza de Texas", pero sin aportar ni un gramo de su buen hacer, este director de curioso apellido nos lleva al cine más cutre y soez de la historia. Tanto es así, que el filme tuvo problemas para ser exhibido, aunque siempre hay algún distribuidor que piensa que precisamente por su mala calidad tendrá éxito. La dosis de sangre llega en esta ocasión hasta las últimas filas del cine y si no fuera por cierto sentido del humor, sería difícil encontrar mérito alguno a esta descerebrada cinta. Si la ven, les deseo que ustedes la sufran bien.

LA MANSIÓN ENCANTADA
The haunted mansion (2003)

Director: Rob Minkoff
Guión: David berenbaum

Intérpretes:
EDDIE MURPHY: Jim Evers
TERENCE STAMP: Ramsley
NATHANIEL PARKER: Gracey

Nuestro vivaracho cómico negro es ahora Jim Evers, un agente inmobiliario que en unión de su esposa Sara reciben el encargo de poner en venta una antigua mansión, tan grande que podría significar el negocio de su vida. Pero allí hay de todo: humedad, puertas que chirrían, sombras tenebrosas y fantasmas, muchos fantasmas (exactamente 999) que hasta entonces eran controlados por el mayordomo Ramsley. Jim es una persona jovial y realista y no cree en esas historias macabras, hasta que descubre el misterio de la mansión y percibe que su esposa tiene inesperadas

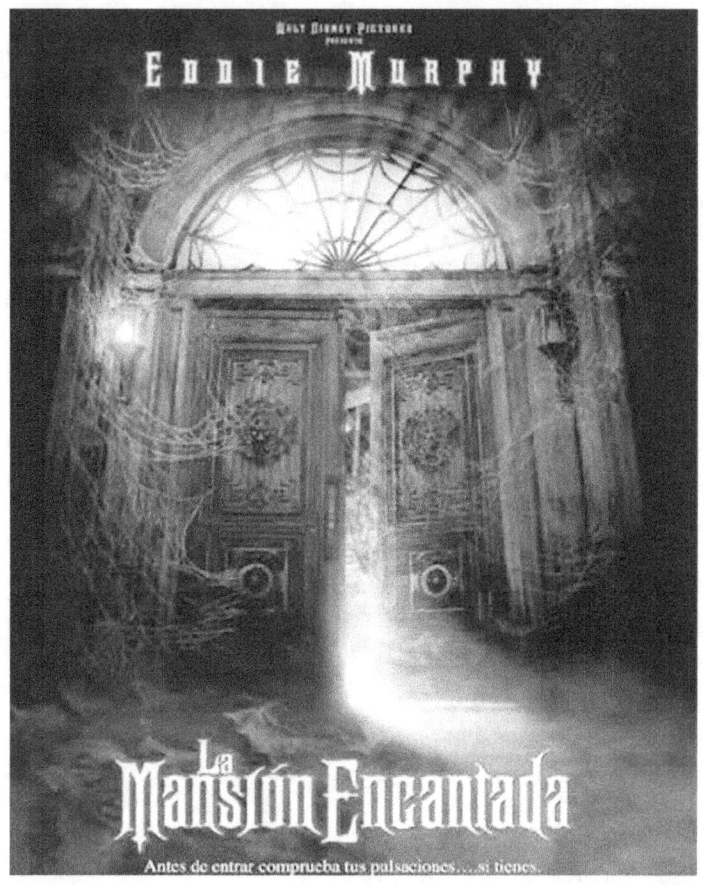

conexiones con su espectral pasado. La historia es sencilla y la hemos visto en otros filmes infinidad de veces temblando de miedo, aunque ahora pretenden hacernos reír con ese cargante cómico que resulta Eddie Murphy. Ayudado por unos efectos especiales de calidad y unos soberbios decorados mezcla de cartón piedra y digitalización 3D, la historia transcurre con menos sustos de los esperados y grandes dosis de humor que no acaban de provocarnos la risa; quizá una somera sonrisa. Por supuesto, la sala estaba llena de niños y ellos sí disfrutaron enormemente, lo que dejó bien claro cuál era el propósito del director y la razón para que fuera estrenada durante las vacaciones de navidad.

EN LA OSCURIDAD
Darkness Falls (2003)

Director: Jonathan Liebesman
Guión: John Fasano, James Vanderbilt y Joe Harris
Basado en un argumento de Joe Harris
Música: Brian Tyler

Intérpretes:
CHANEY KLEY: Kyle Walsh
EMMA CAULFIELD: Caitlin 'Cat' Green
JOSHUA ANDERSON: Joven Kyle Walsh
EMILY BROWNING: Joven Caitlin Green

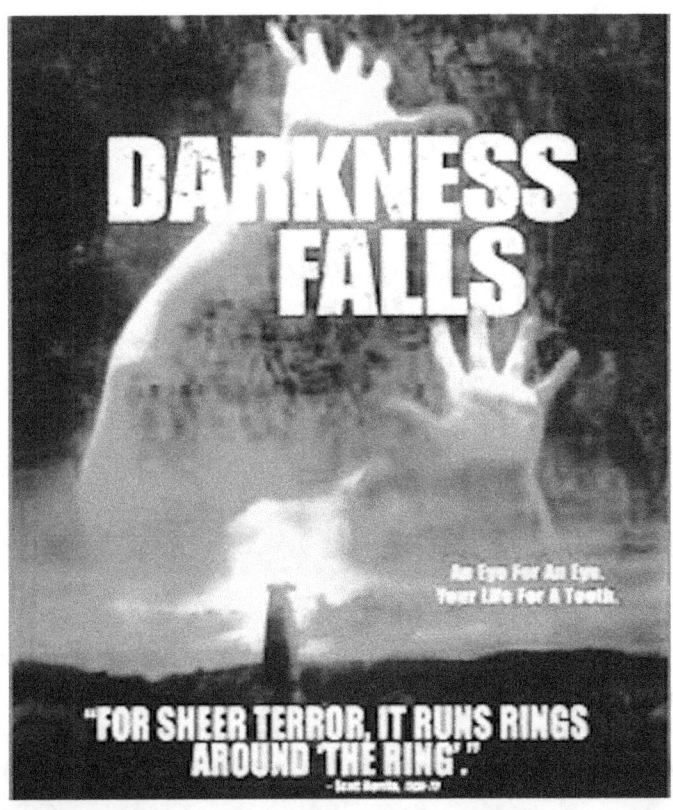

Esa bruja, denominada suavemente como "El Hada de los Dientes", lleva asustando los últimos 150 años a los habitantes del pequeño pueblo de Darkness Falls. Parece ser que la causa se remonta hace más de un siglo, cuando una agradable viejecita llamada Matilda es asesinada por los habitantes de ese pueblo acusada de brujería, vagando desde entonces su vengativo espíritu y atrapando a todo aquel que la mire en la oscuridad. Con el tiempo las personas se hicieron adultas y olvidaron los terrores de la niñez, hasta que un día el pequeño Michael está teniendo las mismas pesadillas que llevaron a Kyle al borde de la locura. El espíritu de Matilda sigue más presente que nunca, pero más agresivo y poderoso.

Posiblemente la parte más floja de la película es el argumento, pues técnicamente posee buen sonido, adecuada música, y una canción estimable del grupo Vixtrola. Además, hay que destacar los efectos especiales, muy notables en las suavizadas escenas sangrientas, así como la criatura obra de Stan Winston, a quien el lector recordará por "Alien".

THE AMITYVILLE HORROR
La morada del miedo (2005)

Director: Andrew Douglas

Intérpretes:
JIMMY BENNETT
RYAN REYNOLDS
MELISSA GEORGE
PHILIP BAKER HALL

Remake de la popular película en la cual nos hablan de un hecho real, cuando una familia norteamericana se instala en una mansión donde tiempo atrás tuvo lugar una sangrienta tragedia. Sin conocer estos terribles antecedentes, pronto descubrirán la com-

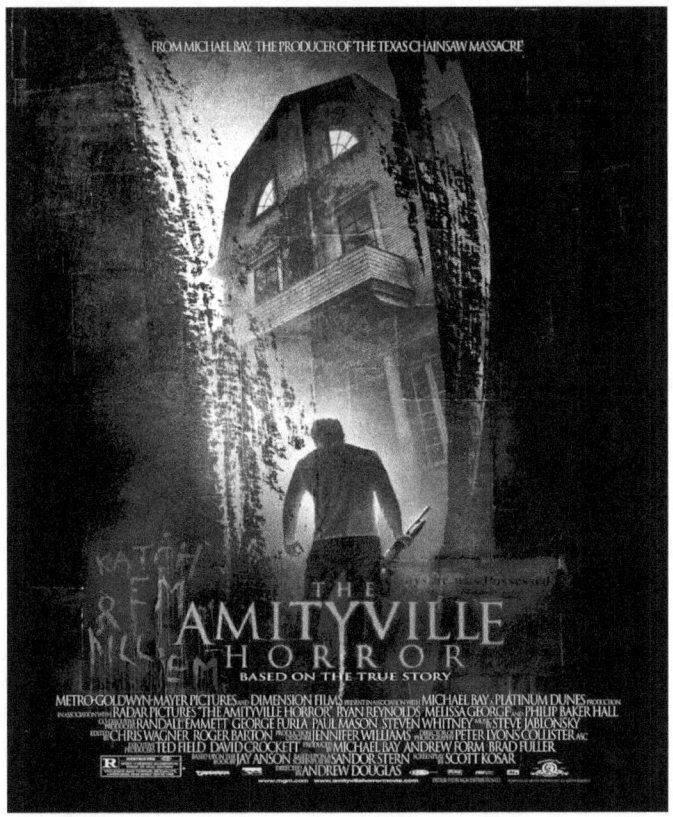

pañía de unos maléficos entes. Finalmente y ya completamente impotentes y horrorizados por los acontecimientos, buscarán la ayuda de un exorcista.

No hay mucho miedo en este filme o es que el espectador ya está curado de espanto. Dirigida por un desconocido Andrew Douglas, nos cuenta la historia de esa inocente familia utilizando todos los viejos trucos del cine de terror, pero tan viejos que, a menos que tengamos diez años, nos los conocemos de memoria. La acertada banda sonora y algunos momentos de intriga y suspense, logran que, por lo menos, no salgamos totalmente defraudados del cine.

Freddy Krueger

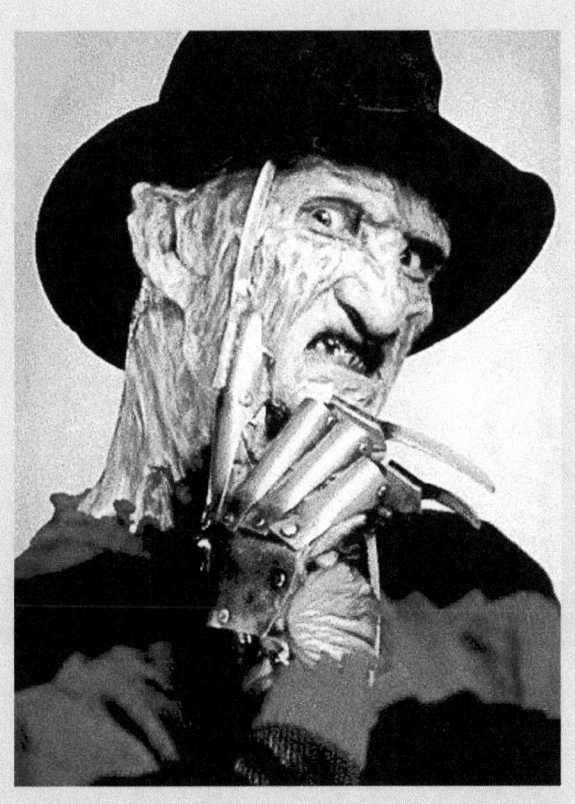

Este monstruo moderno, surgido de las más espantosas pesadillas del hombre, es uno de los villanos más carismáticos, contando por ello con numerosos clubes de fans repartidos por el mundo entero. Admirado y temido, es ya un icono del cine de terror para adolescentes, pues aunque su creador Wes Craven intentó suplirle con *Scream*, tuvo que resucitarle una vez más, demostrando que es cierto el refrán de "bicho malo, nunca muere".

Como con otros tantos fenómenos populares, los críticos han vapuleado sistemáticamente las películas de Freddy Krueger, acusándolas de sangrientas, de poco imaginativas (¡) y consideran a sus fieles aficionados como una secta hambrienta de violencia gratuita. Pues a pesar de ello, el asesino de los sueños participó en cinco películas, murió en la sexta, fue resucitado en una nueva pesadilla (otra vez de la mano de Wes Craven), volviendo a las carteleras para encontrarse por fin con un rival de su tamaño, un Jason más duro e inmutable que nunca. También tuvo una larguísima serie de televisión que duró dos años titulada "Las pesadillas de Freddy", en la cual apenas si salía el temible personaje, limitándose a presentarnos cada capítulo. Como recordatorio, su famosa garra circuló (y aún circula) por todas las jugueterías y tiendas gore.

Asesino sin piedad, rápido, sádico y muy creativo en su crueldad, no perdona ni siquiera a las guapas mujeres desnudas que se le ofrecen, e incluso le gusta meterse con ellas en la bañera, disfrutando sobremanera diciendo palabras soeces a monjas y niñas. No respeta a Dios alguno, no cree en el diablo, su venganza no tiene límites en el tiempo y ni siquiera tiembla con los ajos, la luz, ni el crucifijo. Drácula a su lado es ciertamente más vulnerable y mucho más seductor.

Por lo que sabemos nació el 2 de noviembre de 1984 en Sprigwood (Ohio) producto de la violación de su madre por un sádico, acto mucho más condenable si tenemos en cuenta que era monja y su violador uno de los pacientes del psiquiátrico que ella cuidaba con tanto amor.
Con el tiempo se hizo mayor, no solamente en edad como es lógico, sino en rencor, agudizado por el hecho de trabajar como conserje en un colegio en donde veía diariamente cómo todos los niños tenían su familia y él estaba sólo. Su odio hacia esas criaturas tan felices le llevó a raptarlas y matarlas, hasta que al fin fue capturado por la gente de Elm Street, los cuales se tomaron la justicia por su mano y le tiraron vivo a una caldera de carbón ardiente. Pero puesto que era el mismísimo demonio, el calor le debió sentar fenómeno y revivió como sólo un engendro puede hacerlo: en las pesadillas.

Para aterrorizar no utiliza nada más que el sadismo y unas tenebrosas garras metálicas que hace rechinar por donde camina. Con su sombrero negro de jardinero, su pantalón arrugado, un suéter rojo cruzado con rayas negras y una cara surcada de cicatrices, ha conseguido sobrevivir a cuantos críticos de cine le maldijeron y hoy podemos considerar que se ha hecho acreedor a la simpatía de miles de jóvenes. La fealdad triunfa.

EL DIRECTOR WES CRAVEN

Wes Craven nació el 2 de agosto de 1949 en Cleveland (Ohio) de padres muy rígidos en sus principios morales, como corresponde a los seguidores de la religión bautista. No obstante, Wes fue expulsado del colegio religioso en el cual estudiaba a causa de su concepción liberal de las religiones.

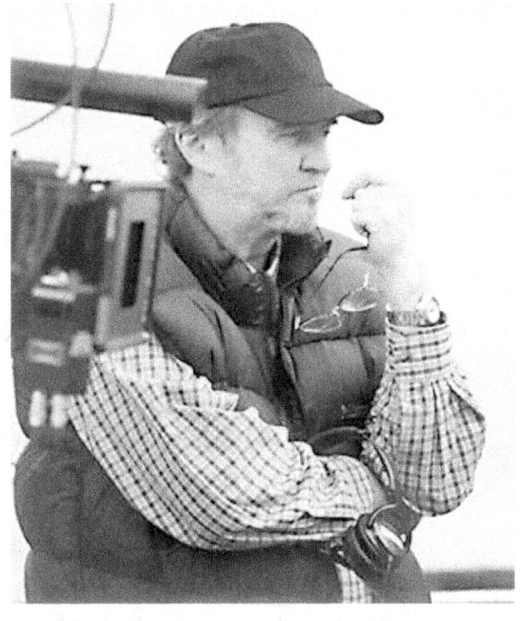

Afectado a los 17 años de una enfermedad que le paralizó durante tres días y que le mantuvo al borde de la muerte, le sirvió como amarga experiencia y le dio al mismo tiempo un análisis muy concreto sobre la vida y la muerte. También le agudizó el gran sentido del humor que ya tenía, un poco negro, eso sí.

Fue al cine por primera vez justo en el momento en que se incorporó a la Universidad y desde ese día decidió que lo suyo era el cine, aunque antes tuvo tiempo de ser guitarrista, licenciarse en Filosofía y Letras, y enseñar Ciencias Humanistas.

En 1972, Sean Cunningham, quien le introduciría en el cine como asistente montador, le proporcionó 90.000 dólares para que rodase una película en 16 milímetros. El guión era de Craven y se titulaba "La última casa a la izquierda", la cual recaudó entonces nada menos que 20 millones de dólares.

Un año después dirige "La colina tiene ojos", que obtiene el Premio a la mejor Película de Terror de la Academia de Cine Fantástico y Ciencia-ficción de Los Ángeles. Después, en 1978, tiene un serio fracaso con "Las dos caras de Julia" que le obliga a estar inactivo tres años, hasta que le proponen rodar "Bendición mortal" con una joven Sharon Stone y la segunda parte de "La colina tiene ojos".

Posteriormente y basada en un cómic-book de gran popularidad, pero con guión suyo, Craven dirige "La cosa del pantano", película que ni siquiera se estrenó en Europa, aunque fue repuesta en 1985 en el Festival de Sitges y posteriormente exhibida en televisión.

Y por fin, después de pasarse tres años recorriendo las productoras para que le financiasen el guión, los estudios New Line Cinema le dan su gran oportunidad. En esa época, en 1984, había terminado un guión sobre el mundo de los sueños e inspirándose en "El hombre del saco", ese personaje con el que nos aterrorizaban en nuestra niñez, nos saca a Freddy Krueger, un despiadado asesino al que es casi imposible matar, al menos de una manera definitiva.

Cuando algún crítico le ataca por mostrar el horror tan crudamente y sin justificaciones posibles, Craven se defiende diciendo que el horror está en nuestra vida cotidiana mucho más acentuado y que él lo único que hace es mostrarlo bajo un prisma fantástico, mucho más aceptable que la realidad misma. Por eso, en la película "La colina tiene ojos" se ve cómo una pandilla de lunáticos asesina a una familia y se queda con todas sus pertenencias, mientras esperan la llegada de las próximas víctimas. El argumento estuvo basado en un hecho real ocurrido hace algunos años en Santa Mónica, de la misma manera que es verídico lo contado en "El sótano del miedo", en donde una pareja tenían encerrados de por vida a unos niños.

Para suavizar la truculencia de las imágenes, Craven dota a sus películas de cierto humor o al menos ridiculiza a sus malvados personajes para que el público no les tenga excesivo miedo. El público joven al que va dirigido sus filmes obliga a ello. Su violencia nunca es trivializada sino fantástica, lo más posible alejada de la realidad, aunque actualmente la realidad es mucho más sangrienta que cualquiera de sus películas.

Considerado por muchos como el sucesor de Roger Corman, un director que ya es historia en el cine fantástico, este antiguo profesor de literatura prefiere que le comparen a John Carpenter o a George Romero, ya que sus filmes están algo más cerca de los gustos actuales.

Recordemos algunas de sus películas más importantes, antes y después de saltar a la fama con "Pesadilla en Elm Street": La última casa a la izquierda (The last house on the left) 1972; La colina tiene ojos (The hills have eyes 1) 1977; Las dos caras de Julia (Summer of fear) 1978; Bendición mortal (Deadly blessing) 1981; La cosa del pantano (Swamp thing) 1982; La colina tiene ojos II (The hills have eyes II) 1984; Amiga mortal (Deadly friend) 1986; La serpiente y el arco iris (The serpent and the rainbow) 1987; Shocker 100.000 voltios de terror (Shoker) 1990; El sótano del miedo (The people under the stairs) 1992; y la trilogía de Scream, entre otras.

ROBERT ENGLUND ALIAS FREDDY KRUEGER

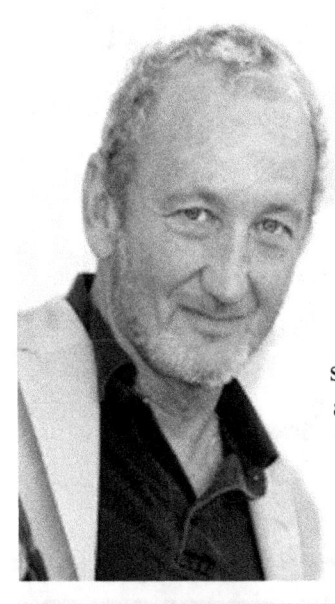

Robert Englund nació en California y fue precisamente allí donde se inició en el mundo de la interpretación al participar en varias obras teatrales juveniles, afición que continuó durante su estancia en la Universidad, en donde aprovechó para hacer un curso de interpretación. Una vez finalizados sus estudios se unió a un grupo de amigos, compaginando su afición al teatro con el mundo de las drogas y el alcohol, lo que le lleva en más de una ocasión al borde de la ruina.

El cine le rescata de tan oscuro destino y en 1974 interviene en
"Buster and Billie", film desconocido en España; "Stay Hungry"
con el popular Arnold Schwarzenegger; "Last of the cow-boy"
con Henry Fonda y "El gran miércoles". Su incorporación al cine
fantástico lo hace en "Muertos y enterrados", en la cual intervie-
nen numerosos especialistas del género y en "La galaxia del
terror", una truculenta película de la factoría de Roger Corman.
En esa misma época le llega su primera gran oportunidad al
hacer un papel importante en el serial televisivo "V", en el cual
ya empieza a saborear las delicias del maquillaje, ya que es uno
de los extraterrestres con aspecto de lagarto. Inmediatamente se
incorpora como protagonista en "Pesadilla en Elm Street" y aunque hace el papel de asesino, su popularidad supera al resto de
los actores y causa un gran impacto entre la juventud.

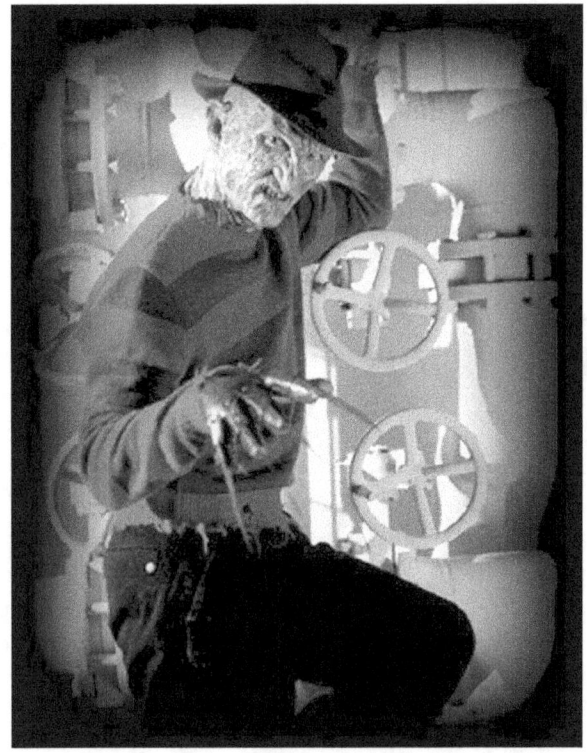

"Interpretar a Freddy es un placer para mí," dijo al terminar la segunda entrega. *"Puedo gritar, aterrorizar a los hombres y torturar a muchachas adolescentes. ¡Yo soy el diablo! ¿Quién podría pedir más?"*

Robert tiene una idea muy clara de quién es Freddy y de lo que representa. Según comenta, *"Freddy representa todas las cosas horribles que están fuera de control en el mundo, los pecados de los padres, los traumas por nuestro mal comportamiento, y los remordimientos que se materializan en pesadillas, pero no creo que esto le convierte en un héroe para los adolescentes. Pienso que los jóvenes gozan con las emociones fuertes y que los personajes de ficción malvados poseen un carisma intenso, pero estoy seguro que nadie le querría imitar. Freddy es solamente un personaje de ficción con una garra y un suéter destartalado."*

Respecto a la continuidad de Freddy, *"nunca quise realizar cambios en el personaje y esa puede haber sido la causa de las distintas secuelas y de que siempre se hable de una nueva película. En la próxima quizá tenga que pelear con Michael Myers ¡quién sabe! Si hubiéramos intentado aumentar las escenas de horror y la sangre derramada, habríamos alcanzado rápidamente techo y no habría habido modo de aportar elementos nuevos a la serie. No hay mucho más que hacer que poner a Freddy alrededor nuevas víctimas y que la sangre salpique al espectador. Lo que sí podemos mejorar son los efectos especiales, aunque el gancho especial siguen siendo las pesadillas, una tras otra".*

Robert se ha sometido siempre a largas horas de maquillaje para hacer de Freddy, algo que le ha ocasionado con frecuencia dolor y una cara hinchada. No obstante, insiste que tanto la garra como el sombrero son parte esencial de su personaje, además de esa mirada vivaz dotada de cierta vanidad.

"Freddy me ha permitido viajar diez veces alrededor del mundo, rodar tres películas en Europa, y ser protagonistas en varias series de televisión. Tengo una pequeña cabaña en la playa de Laguna y debo admitir que allí me encuentro muy cómodo. Todo el mundo me conoce en Hollywood, y pienso que les agrada

cuando me ven compartir un café o acudir al mercado a realizar la compra".

Según comenta, nunca deseó dedicarse solamente a su personaje de Freddy, aunque hoy en día apenas se le reconoce por otra labor y eso que lo intentó dirigiendo películas o interpretando al mismísimo "Fantasma de la ópera".

"Yo creo que estaba harto de mi cara de buen chico y quería que la gente me tuviera un poco más de respeto. Sabía que Wes Craven estaba buscando a un actor para su nueva película de terror y me ofrecí voluntario para el papel de Freddy Krueger, aun sabiendo que no era lo suficientemente corpulento ni poseía una mirada enigmática como Christopher Lee. Creo que lo que le convenció fue mi deseo de realizar el personaje".

"Por supuesto yo no soy en mi vida privada nada terrorífico y en las horas libres practico el surf en mi casa de California y cuando vivo en mi otra casa, en Hollywood, suelo pasear mucho con mi perro y mi mujer Nancy. Una vida mucho más sencilla de lo que mis fans esperan de mí".

"El que yo sea un ídolo para los adolescentes no es porque deseen convertirse en asesinos. Está bien claro que mi personaje es inventado, de ficción. El secreto puede que esté en que en mis películas se reflejan muchos de los miedos y traumas de los jóvenes, y Freddy Krueger lo que hace es agudizarlos más con el fin de que alguien les ayude de una vez. Los adolescentes necesitan mitos, pero también que alguien muestre sus verdaderos miedos a los adultos, no solamente la imagen de jóvenes ansiosos de drogas y sexo".

"En mis películas me vengo de los elementos más odiosos de la sociedad, no solamente mato a los inocentes. Suelo concentrarme en los parásitos, en las jovencitas de cabeza hueca, en los jóvenes vagos y violentos, y en los jefes tiranos".

"Creo que soy un personaje al que el público puede odiar sin problemas y que muestra a todos que el futuro no será nada halagüeño sino luchas contra los demonios. El que no lucha termina sucumbiendo".

"Lo peor fue ese maquillaje de David Miller, muy efectista, pero que me obligaba a tenerlo encima durante al menos cuatro horas diarias ya que era muy difícil de quitar. Después me envejecieron un poco más en cada película, aunque creo que al final me sacaron más guapo que en el primer film".

"En mis películas trato de sacar siempre aquello que más aterroriza a las personas. Sé que hay mucha gente que le dan pavor las cucarachas, otros el fuego, otros la noche, los pasos, los gritos o los cuchillos. No hay duda de que hay miedo para todos y nadie se queda a salvo. Algunos tienen miedo a los navajeros, otros a volar, las chicas a las violaciones y también a los padres. Pues bien, todos esos miedos quedan reflejados en mis filmes".

"Aunque a los críticos les parezca horroroso, sé que los niños yugoslavos se divierten contando chistes de Freddy (aunque ahora tienen un horror mayor para contar) y en la India le consideran como el nuevo hombre del saco".

"Espero que no me entre el "síndrome de Boris Karloff" y acabe creyéndome Freddy Krueger, aunque el hecho de llevar esa máscara durante tantos años condiciona bastante en este sentido".

"Lo que pocos fans saben es que interpreté el papel de una mujer en una película rodada en Rusia en la cual estaba caracterizado de bailarina. No les diré el título para no desilusionarles. Para compensarles, les recuerdo que también hice el papel terrorífico en 'El fantasma de la ópera' la nueva versión de Menahem Golan".

DESCRIPCIÓN:

Nombre*:* Freddy Charles Krueger
Sexo*:* Varón
Raza: Caucasiano
Fecha de nacimiento: Febrero de 1942
Lugar*:* Springwood
Padres*:* Amanda Krueger y uno de 100 maniacos
Altura*:* 5'8"
Peso*:* 160 libras

Ojos: Grises

Pelo: Ninguno.

Aspecto: Suele usar un viejo pantalón marrón, un suéter con rayas horizontales verdes y rojas, así como un sombrero negro que le aporta –según él- una mirada profunda. También lleva un guante con cuchillas a modo de uñas en su mano derecha.

Marcas identificativas: Su piel está seriamente quemada por todo el cuerpo.

Ocupación: Matar a los niños de Elm Street de Springwood durante sus sueños y pesadillas.

Motivo: Haber sido quemado hasta morir por los padres de Springwood.

Armas preferidas: Sus peores pesadillas.

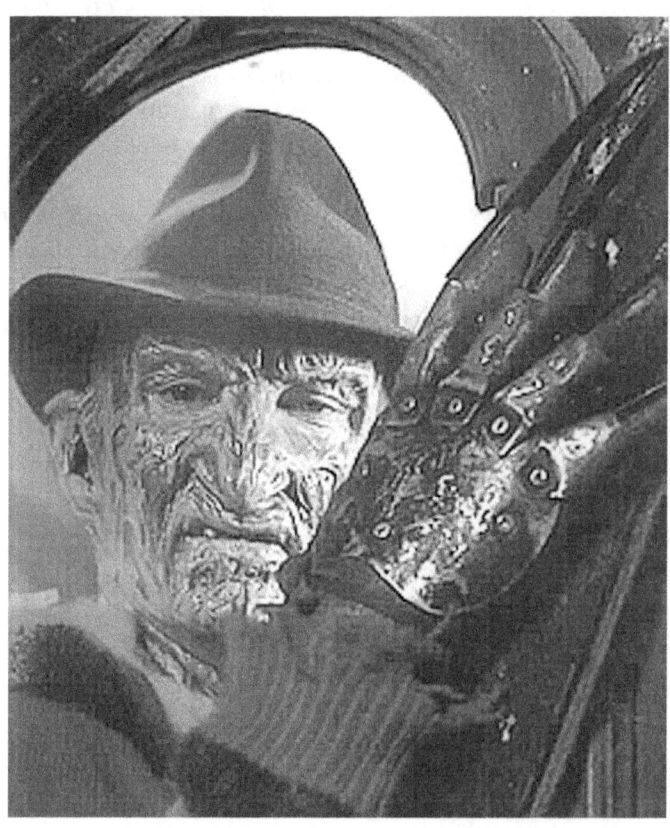

Fue derrotado por:
-Nancy Thompson (Pesadilla 1)
-Jesse Walsh (Pesadilla 2)
-Kristen Parker (Pesadilla 3)
-Alicia Johnson (Pesadilla 4 y 5)
-El Dr. Maggie Burroughs (La muerte de Freddy)
-Brezo Langenkamp (La nueva pesadilla)
-Jason (Freddy vs. Jason)
Los mayores rivales: Nancy Thompson, Alicia Jonson, Jason Voorhees
Donde está ahora: Seguramente en el infierno
Número de películas: Ocho
Ha sido interpretado por: Robert Englund

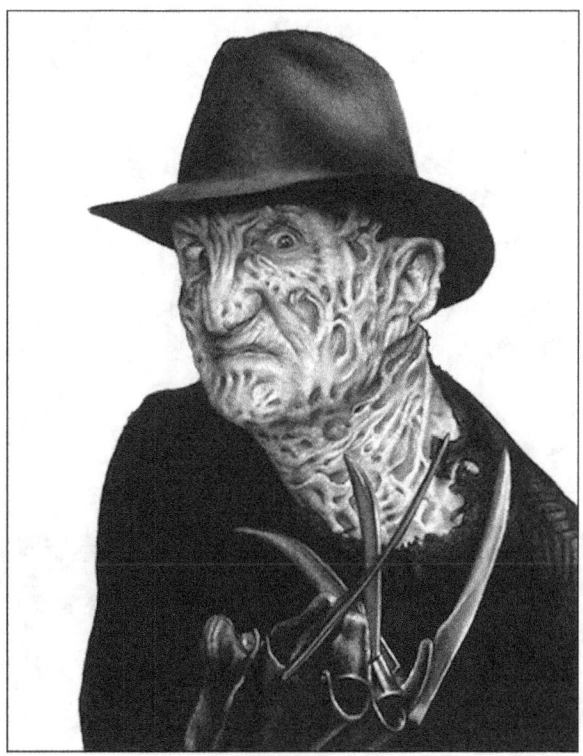

LAS PELÍCULAS

PESADILLA EN ELM STREET
Nightmare on Elm Street (1984)

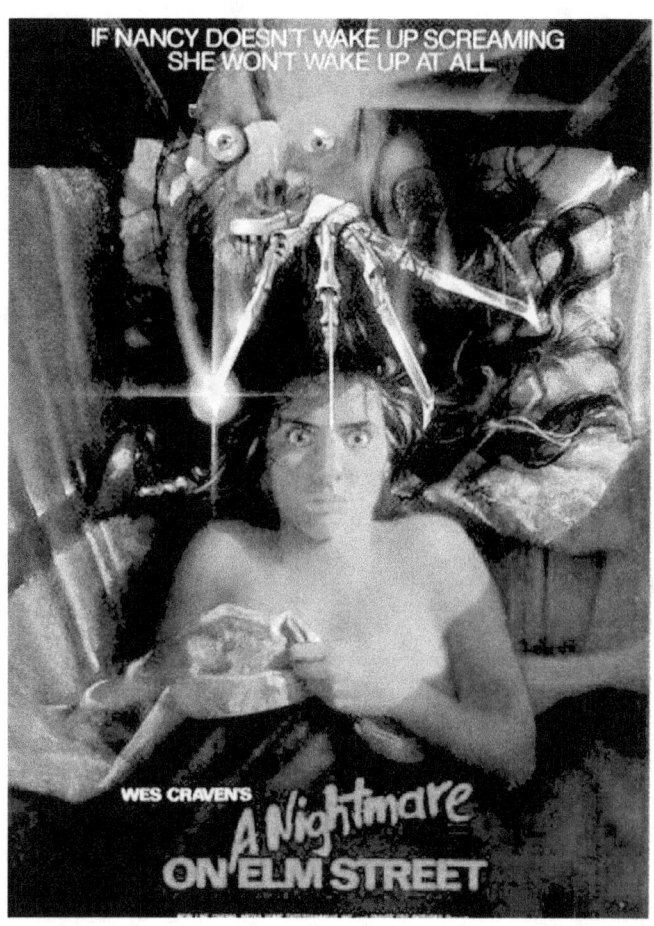

Director: Wes Craven
Productor: Robert Shaye, Sara Risher
Guión: Wes Craven
Efectos especiales: Jim Doyle
Maquillaje: David B. Miller

Intérpretes:

JOHN SAXON: Teniente Thompson
RONEE BLAKLEY: Marge Thompson
HEATHER LANGENKAMP: Nancy Thompson
JOHNNY DEPP: Glen Lantz
ROBERT ENGLUND: Freddy Krueger

Varios adolescentes descubren que todos ellos tienen pesadillas similares en las cuales sale siempre el mismo personaje, Freddy Krueger, quien después se revela como un fantasma que puede entrar en sus sueños a voluntad y matarles de modo macabro. Nancy, la adolescente superviviente, debe intentar detenerlo, pero para ello ni siquiera cuenta con la ayuda de su padre, un miembro de la policía local. Sus amigos Tina Grey, Rod Lane y Glen Lantz, también habían pensado inicialmente que las pesadillas eran solamente producto de su imaginación, pues les resulta imposible de creer que un hombre malvado, un maniaco, le persiguiera en los sueños. Lo asombroso del caso es que ellos mismos también habían comenzado a tener el mismo sueño, en los cuales el protagonista era un hombre que llevaba un sombrero marrón hecho de andrajos, un suéter verde y rojo sucio, y en su mano derecha un guante con cuchillos en los dedos. Su nombre es Freddy Krueger.

Tina fue una de las primeras víctimas, una muerte inexplicable que no convenció a la policía, especialmente al teniente Donald Thompson, padre de Nancy, quien está convencido de que fue Rod quien la asesinó. Al día siguiente Nancy va a la escuela y en el camino Rod le aborda e intenta convencerla de su inocencia, justo en el momento en que llega la policía y le detiene, encerrándole en la cárcel. En clase, Nancy mira furtivamente en el vestíbulo y ve el cadáver ensangrentado de Tina metido en una bolsa que es arrastrada al sótano. Sigilosamente le sigue, pero allí es acorralada por Freddy. Afortunadamente despierta en medio de su clase y el peligro pasa súbitamente. Esa noche, toma un baño caliente para relajarse, hasta que se queda profundamente dormida y aparece Freddy dentro de la bañera. Afortunadamente, la madre de Nancy, Marge, escucha un fuerte golpe y la despierta justo a tiempo.

Película sorpresa hasta para todo el equipo técnico y artístico, especialmente por el extraordinario éxito de público. Recreándose el argumento en la terrible posibilidad de que nuestros terrores soñados puedan formar parte real de nuestras vidas y hasta de que los monstruos salgan de nuestros sueños, se realiza una de las películas de terror más interesantes de todos los tiempos. Tal es así que con ella se inicia una serie al parecer interminable, en la cual el personaje de Freddy Krueger (encarnado por Robert Englund), es matado una y otra vez, no sin antes torturar de mil maneras a sus víctimas. Con Freddy, resucitado sin el menor reparo durante 7 veces en el cine y muchas más en la televisión, se inicia una nueva era en las secuelas cinematográficas y se monta un mercado accesorio, en el que no faltan clubes de fans, revistas y miles de fetiches, incluidas las célebres garras de Freddy. A pesar de que las secuelas fueron vapuleadas duramente por la crítica, el mito ha pasado a la historia y hay pocos adolescentes que no sepan ya quién es Freddy Krueger.

La película titulada "La muerte de Freddy" no fue, aunque pudiera parecerlo, el fin de la serie, ya que se le resucitó de nuevo para regocijo de sus fans.

Podemos asegurar que después del éxito de "La matanza de Texas" nadie había sido capaz de generar tanta polémica con una historia de terror y sangre, pues al lado de "Pesadilla en Elm Street" el clásico "Terror en Amityville" es casi un paseo por un lago encantado. De nuevo, a un asesinato despiadado sigue otro y otro, y así hasta llegar al final, con lo cual el espectador no tiene tiempo siquiera de encontrar la puerta de salida. Y es que

Wes Craven tenía claro que para entusiasmar al público había que hacerle vibrar de terror y emociones, y nada mejor que mediante el clásico sistema de ver al asesino avanzando lentamente hacia la víctima. "Pesadilla en Elm Street", sin embargo, es mucho más que un buen filme de terror, pues incorpora a varios jóvenes incomprendidos por padres y profesores, el ambiente claustrofóbico de un pequeño pueblo, y un mundo para desarrollar el terror tan amplio como nuestros sueños. La pregunta que el guionista nos deja caer es: ¿Los sueños que nos hacen temblar, son solamente sueños?

PESADILLA EN ELM STREET 2:
LA VENGANZA DE FREDDY
NIGHTMARE ON ELM STREET 2: FREDDY'S REVENGE (1985)

Director: Jack Chaskin
Guión: David Chaskin

Intérpretes:
MARK PATTON: Jesse
KIM MYERS
ROBERT ENGLUND: Freddy
ROBERT RUSLER

Una vez que Wes Craven se negó a dirigir la secuela de "Pesadilla en Elm Street", se designó a Jack Sholder como el sustituto, pues había tenido un éxito discreto con "Solos en la oscuridad". Indudablemente ninguno era consciente del fenómeno que habían creado, y es posible que Sholder no se tomara en serio su trabajo, pues los fallos argumentales son notorios. Se rumorea que no pudo dirigir la escena de la piscina sin reírse, y prefirió delegar ese trabajo en sus ayudantes. ¿Por qué un director despreciaría tanto ese trabajo? Hay quien asegura que esta es la peor entrega de toda la serie, aunque parte de este desmérito

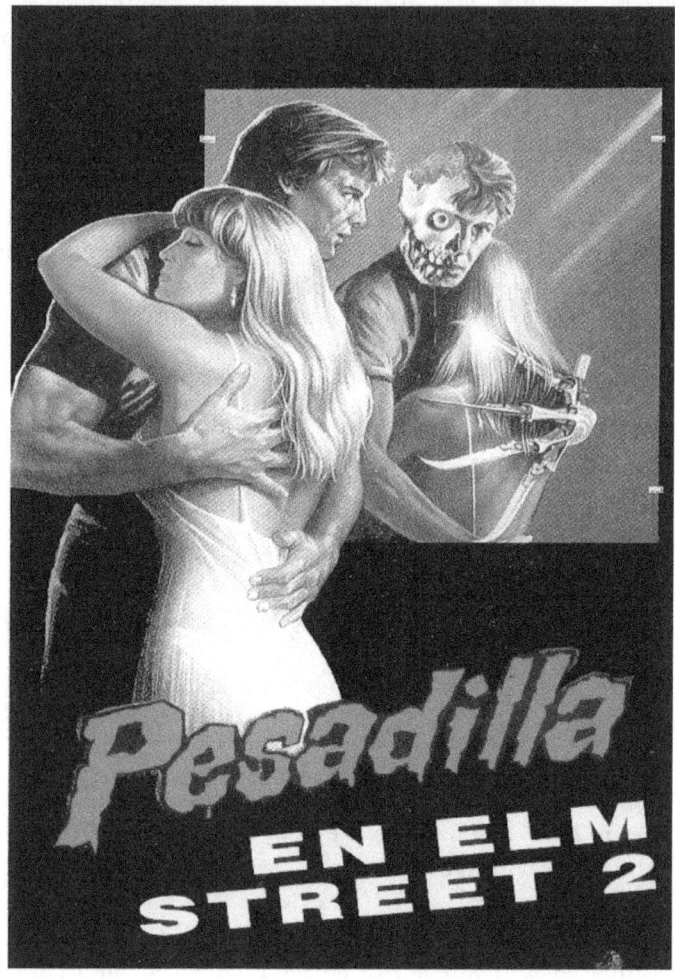

se lo debemos al guión de David Chaskin, quien lo escribió rápidamente, sin detalles, y lo iba cambiando durante el rodaje. Tampoco los productores confiaban en el filme, pues le dedicaron solamente 3 millones de dólares, lo que es una insignificancia comparados con los 29.9 millones que generó en su estreno. Ahora han pasado cinco años desde el horror anterior, y la familia de Nancy se ha mudado para evitar los encuentros con el engendro de los sueños. Pero cuando un chico de diecisiete años,

Jesse (Mark Patton), comienza a tener pesadillas, todos presienten que algo diabólico está en la casa. Las cosas parecen tener vida propia, la cocina que bruscamente estalla, un pájaro que ataca a la familia, y finalmente las pesadillas de sus habitantes no acaban ni siquiera cuando los afectados despiertan. Indudablemente, Freddy Krueger ha vuelto con ganas de venganza, ahora tomando posesión del cuerpo de Jesse.

Este argumento pertenece básicamente a una película rutinaria de horror realizada para aprovechar el éxito de la primera entrega, aunque ya hemos dicho que no está llevada con el interés de la anterior. Indudablemente genera miedo, tiene buenos efectos especiales, pero la original era mejor, especialmente en aquellos momentos en los cuales no hay terror. Ahora, cuando la trama es pausada, sin sangre ni gritos, la historia se viene abajo y deseamos intensamente que salga de nuevo Freddy para divertirnos y asustarnos. Como dato curioso, cuando aparecen los créditos del final nos ponen una canción de Bing Crosby, quizá para que salgamos del cine algo relajados.
En las primeras escenas vemos a Englund sin su maquillaje de Freddy Krueger conduciendo un vehículo; detalle que agradecerán los espectadores que no sepan quién se esconde detrás de esa horrible máscara.

PESADILLA EN ELM STREET 3
Nightmare on Elm Street 3: The Dream Warriors (1987)

Director: Chuck Rusell
Guión: Wes Craven
Fotografía: Roy Wagner

Intérpretes:
ROBERT ENGLUND: Freddy Krueger
PATRICIA ARQUETTE: Kristen Parker
HEATHER LANGENKAMP: Nancy Thompson

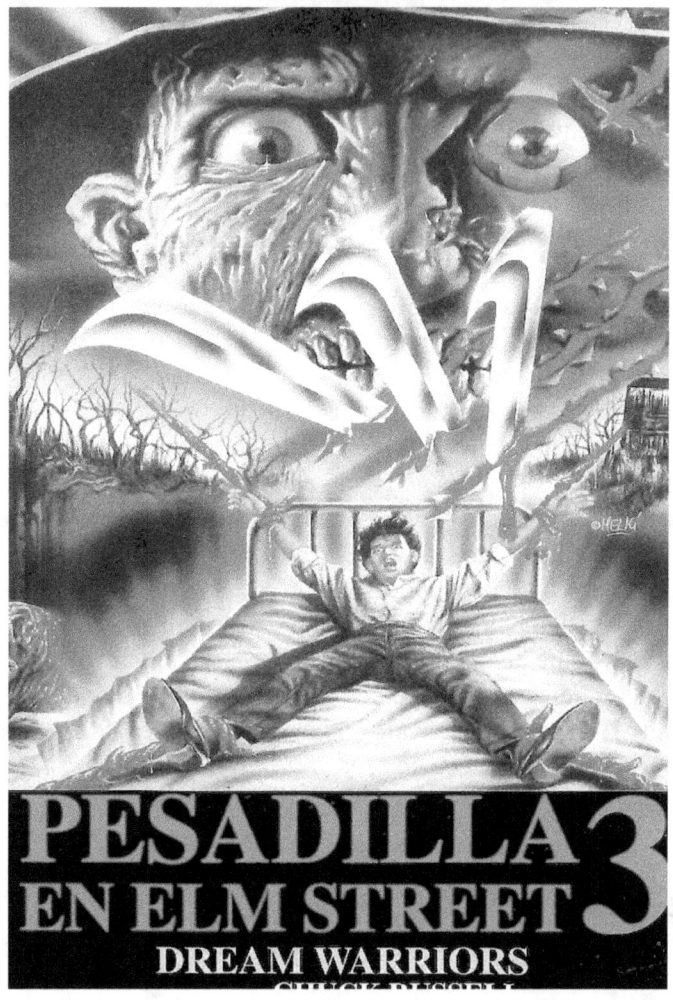

Los acontecimientos comienzan en una clínica para enfermos mentales, donde los antiguos supervivientes a Freddy están tratando de recuperarse del trauma. Su obsesión es mantenerse despiertos, pues están seguros de ser asaltados en sus sueños por el asesino de la garra. Nancy conoce en la clínica a una chica que canturrea una canción infantil en la cual menciona a Freddy, lo que ocasiona su entrada en el mundo de los sueños y con ello el comienzo de su pesadilla.

Si pensamos por un momento en la posibilidad de caer dormidos y encontrarnos con un asesino monstruoso a nuestro lado, seguramente no desearíamos dormir de nuevo esa noche. Nuestros protagonistas, cada vez que se despiertan, relatan esa misma situación, pero como la noche de Halloween está cerca nadie les cree, y así el asesino sigue en libertad. El problema es que todos tienen que ir en algún momento a dormir y este es el momento esperado por Freddy para atacar. Allí, en el mundo onírico, dispone de todas las ventajas y las personas despiertas no pueden hacer nada por evitar los ataques. Su maldad es tanta como su inteligencia, por lo que le resulta sumamente fácil aterrorizar a todos, espectadores incluidos.

Freddy comienza a matar a los adolescentes, de uno en uno, pero cambiando su estilo cada vez para que no nos acostumbremos. Además, el director ha intentado conservar los mismos decorados y hasta la misma iluminación que en el primer filme, lo que puede ser un acierto, lo mismo que el maquillaje de David Miller y Kevin Yagher, quienes han hecho un trabajo magnífico con Freddy.

La historia parece más coherente que la anterior, y en ello se nota la mano de Craven, retornando ya la mayoría de los personajes emblemáticos, aunque introduce novedades como el cambio de las cuchillas por jeringuillas y a Freddy convertido en serpiente. Los decorados son más elaborados y una de las escenas, concretamente la del infierno, requirió dos meses de rodaje. También se contó con la participación de actrices como Patricia Arquette y Zsa Zsa gabor, así como una estupenda banda sonora compuesta por Ángelo Badalamenti, autor de "Twin Peaks".

En cuanto a la historia de la película, no nos dan más que aquello que esperábamos: pesadillas, sangre y horror. Hay quien asegura que esto no es buen cine, pero están equivocados, especialmente si lo juzgamos por la gran cantidad de fans que tiene esta larga serie. Además, ha mejorado sustancialmente a la segunda entrega, lo que asegura así la continuidad, que es lo que todos queremos.

En la historia los adolescentes deben sobrevivir a sus pesadillas como siempre, y nuevamente los adultos niegan cualquier hecho sobrenatural en los asesinatos, por lo que no encuentran ayuda de nadie. Kristen acaba de establecer contacto con Freddy Krueger en sus sueños, y esto le conduce a intentar el suicidio, por lo que sus padres deciden ingresarla en un hospital psiquiátrico. Allí ejerce Nancy como psicoterapeuta, especialista en cazar a Freddy, quien ha decidido jugar sucio para lograr que la culpa de las nuevas matanzas recaiga sobre Nancy y sus nuevas terapias. Como ya dijimos, esta tercera entrega es mejor que la anterior y también supera a la primera en cuanto a la cantidad de sustos que proporciona, con un Freddy Krueger inmenso y aterrador, además de disponer de buenos actores como Heather Langenkamp (Nancy), Patricia Arquette (Kristen), Robert Englund (Freddy), y Lawrence Fishburne (Max). El inicio, además, despeja todas las dudas sobre lo que vamos a ver, y les podemos asegurar que es más sangriento que nunca, especialmente con la primera víctima.

PESADILLA EN ELM STREET 4
Nightmare on Elm Street 4: The Dream Master (1988)

Director: Renny Harlin
Guión: Brian Helgeland y Scott Pierce
Fotografía: Stepehn Fierberg
Música: Craig Safan

Intérpretes:
ROBERT ENGLUND
LISA WILCOX
DANNY HASSEL
WHITBY HERFORD

Un temblor de tierra deja al descubierto los restos enterrados de Freddy Krueger y un inocente perro los riega con su orina, lo que origina la reestructuración de su cuerpo y su vuelta a la vida.

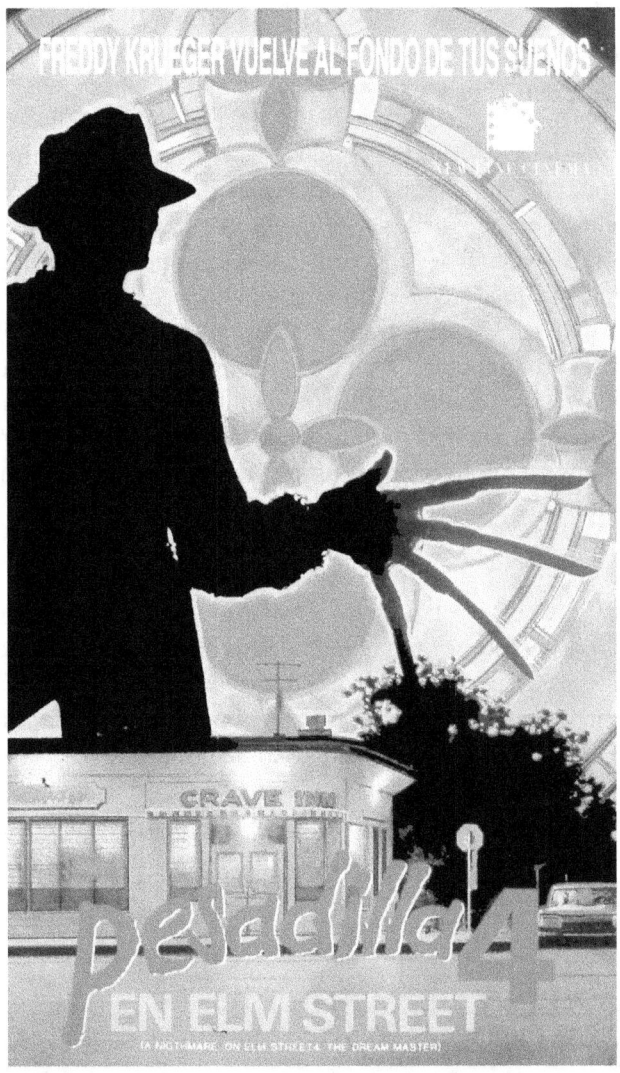

Para comenzar, mata a tres niños de Elm Street, aunque pronto se dará cuenta que hay personas que le van a plantar cara, como una chica (Lisa Wilcox) que resulta ser una opositora formidable. Poco después, un joven muere atravesado por un puñal y otro tiene una pesadilla mortal después de soñar con una chica desnuda que le seduce desde un póster y que le termina dando un zarpazo mortal.

Ese planteamiento es el inicio de no pocas emociones, en un filme plagado de efectos especiales, escenarios surrealistas y con un protagonismo de Freddy muy superior a los anteriores. El éxito fue tal que recaudaron diez veces el coste del rodaje.

Esta cuarta entrega debería ser mejor que la anterior, pero el listón estaba ya muy alto y con tantos cambios estropearon los resultados. Freddy Krueger sigue siendo la estrella, pero ahora asusta menos, aunque entretiene más, sin saber qué pretendían el guionista y el director. Lo cierto es que nadie puede salir defraudado de ver esta cuarta entrega, pero mucho nos tememos que de continuar con esta línea tan suave en cuanto a gritos y sangre, los aficionados terminen por perderle el respeto a Freddy y se pasen a Jason.

Lo que ha mejorado mucho son los efectos especiales, especialmente la escena de la muerte de una muchacha pobre (Brooke Theiss) así como la "defunción" de Freddy. La exclusión de las escenas más sangrientas quizá se debe al deseo de captar nuevos aficionados, más jóvenes, siendo sustituidas por otras más imaginativas y dotadas de cierto sentido del humor.

El que sigue siendo impresionante es Robert Englund como Freddy Krueger, aunque en este caso está bien acompañado por Lisa Wilcox en el papel de Alicia, quien aporta buenos cambios dramáticos en su personalidad.

PESADILLA EN ELM STREET 5
Nightmare on Elm Street 5: The Dream Child (1989)

Director: Stephen Hopkins
Guión: John Skip, Craig Spector, Leslie Bohem
Música: Jay Ferguson

Intérpretes:
ROBERT ENGLUND: Freddy Krueger
ERIKA ANDERSON
VALERIE ARMSTRONG
MICHAEL ASHTON

Apenas había transcurrido un año después de la otra entrega, cuando nos sacan rápidamente una nueva aventura, con el alma de Freddy intentando reencarnarse en el futuro hijo de Alice y Dan, aunque el espíritu de Amanda Krueger (la madre) les advierte del peligro desde el más allá. En ese momento están celebrando su graduación en la Escuela Secundaria, pero la primera muerte le indica que Freddy sigue presente en los alrededores, hecho más inquietante si tenemos en cuenta que ocurre cuando ellos están despiertos. Y así, mientras que Alicia intenta descubrir cómo Freddy puede actuar aunque las personas no estén dormidas, sus amigos comienzan a ser víctimas de Freddy. Además, Alicia descubre que está embarazada.

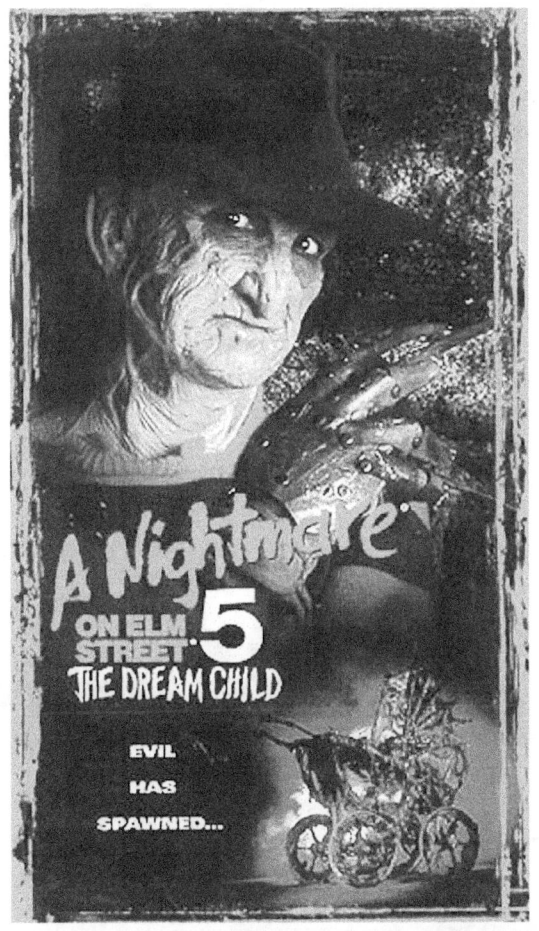

En esa época, el interés de los aficionados empezaba a declinar, y para mitigar el descontento se elabora un guión más profundo, menos infantil, aunque nadie parece estar seguro de qué es aquello que hay que cambiar rápidamente. El resultado es una continuación agradable a la colección de Freddy, pero desafortunadamente no aporta muchas notas de interés, quizá porque todo se sigue moviendo en el entorno de Elm Street, y eso no da para mucho.

Deseoso de apartarse de las líneas marcadas por los otros directores, Hopkins intenta aproximarse a Roger Rabbit y nos mezcla lo tenebroso con el humor, proporcionándonos una aventura plagada de emociones.   Los resultados son tan asombrosos que es difícil saber si nos encontramos con una buena película o un desequilibrio técnico del director. No obstante, los aficionados a Freddy la recibieron con alborozo y aunque sabemos que nunca muere realmente y que las pesadillas continuaron, es quizá una de las obras de esta interminable saga que merece revisarse con mayor serenidad.

PESADILLA FINAL
Freddy's Dead: The Final Nightmare (1991)

Director: Rachel Talalay

Intérpretes:
ROBERT ENGLUND: Freddy
LISA ZANE: Maggie
SHON GREENBLATT: John
ALICE COOPER
TOM ARNOLD
JOHNNY DEEP

¡Se nos va Freddy! -decían compungidos los espectadores cuando vieron la propaganda del filme-. Desde ese momento su malvado héroe favorito ya no les acompañaría en su recorrido hasta el dormitorio, ni podrían acostarse con temor por si les visitaba a ellos también. Por eso, esta despedida tenía que ser más tenebrosa y terrorífica que las demás, aun a costa de añadir más san-

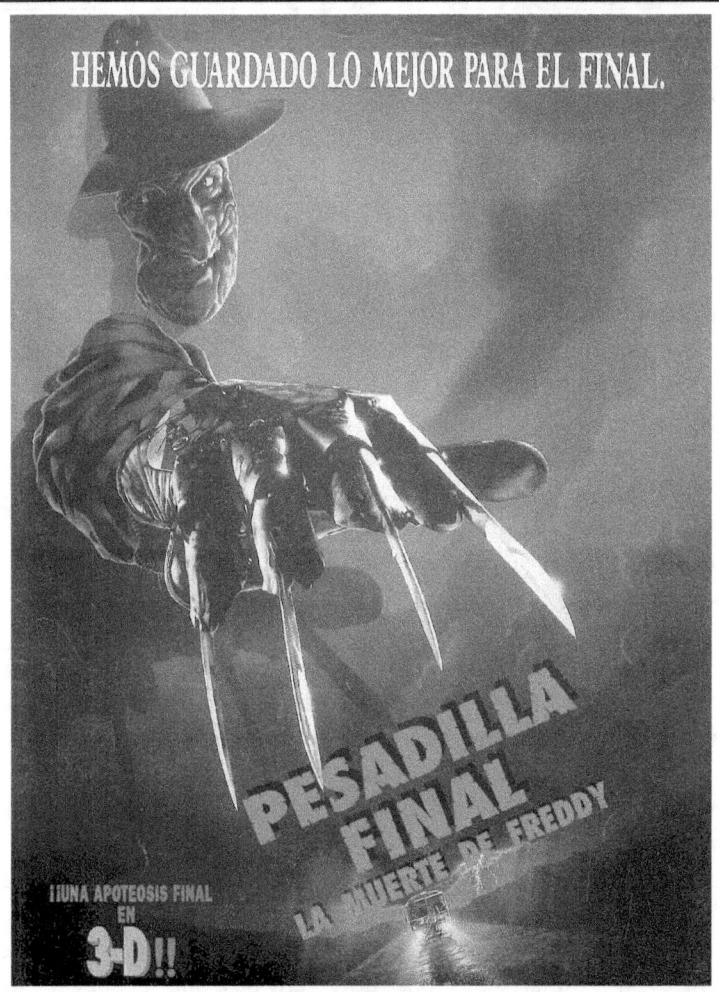

gre si cabe. Las secuencias donde nuestro amigo de la garra aparece podríamos considerarlas como espeluznantes, que es algo así como un terror insoportable. ¿Hay alguien que todavía sostenga que el terror no entretiene? ¡Por supuesto que no! De hecho, estoy seguro que la diversión es mayor en la medida en que aumenta la tensión o el miedo, tal y como se percibe en los parques de atracciones, en donde las montañas rusas tienen una aceptación mayoritaria.

Debería haber sido la última película sobre Krueger, pero no contaban con la habilidad de nuestro amigo de la garra metálica para sobrevivir. En esta ocasión, la persecución hacia el malvado asesino de los sueños es más eficaz, y aunque mata a una gran cantidad de adolescentes, por fin logran aniquilarle. Anteriormente se infiltra en los sueños de Maggie, una guapa psicóloga infantil dedicada a explorar el mundo de las pesadillas, las cuales la llevan hasta Springwood, en donde tendrá que intentar matar al monstruo de la garra afilada. Freddy ha dejado un rastro sangriento de adolescentes muertos, y ante el pánico creado un psicólogo está intentando ayudar a un grupo de jóvenes preocupados. Pero las cosas se escapan de su control cuando dos chicas vuelven a tener la misma pesadilla, con el inquilino de Elm Street como protagonista. John tiene la sospecha de que Freddy tiene un hijo vivo y esa puede ser la razón por la cual intenta perpetuar su estancia entre los humanos.

El filme cuenta con el aliciente añadido de 10 minutos finales filmados en el tradicional sistema 3-D (rojo y azul) que debería haber añadido nuevas notas de terror cuando Freddy se pasease por el patio de butacas. Nada de esto ocurrió y en su lugar el filme tuvo que soportar las peores críticas de toda la serie.

Esta novedad se ha conservado en la versión en DVD, ya que hay que ponerse las gafas incluidas cuando la protagonista nos lo indique, por lo que la diversión está asegurada. Esto de meternos el terror hasta en nuestra alcoba, pegado a nuestras narices, ya fue ensayado con cierto éxito en "Los crímenes del museo de cera" y "La mujer y el monstruo", pero hay que reconocer que verlo en nuestro hogar es otra cosa, especialmente si nuestro dormitorio no está suficientemente iluminado.

A descubrir a un joven Johnny Depp entre el reparto.

LA NUEVA PESADILLA
Wes Craven's New Nightmare (1994)

Director: Wes Craven
Guión: Wes Craven
Basado en los personajes de: Craven
Efectos especiales: William Mesa
Maquillaje: Ashlee Peterson, Berger EFX Group

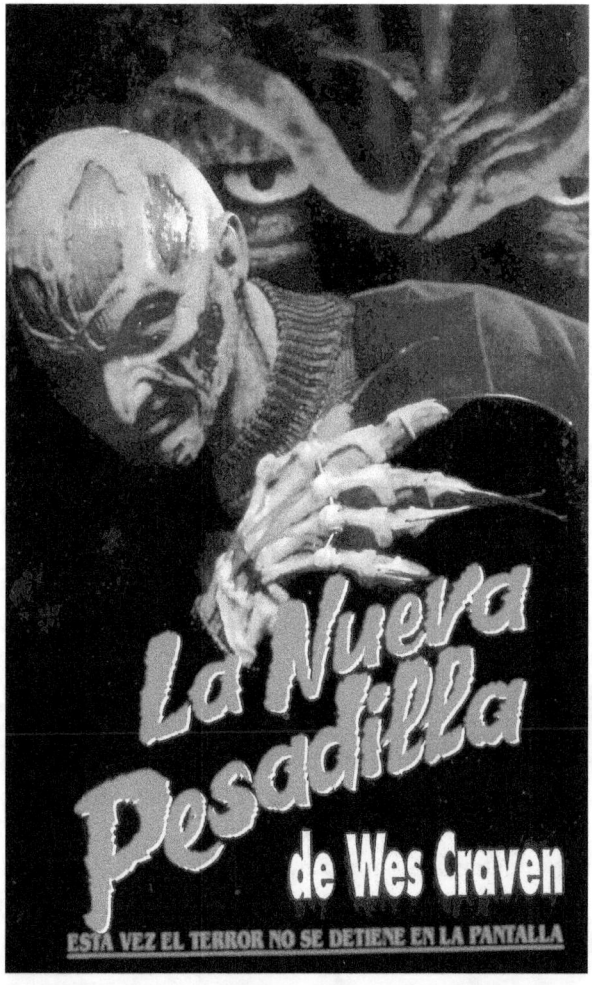

Intérpretes:

ROBERT ENGLUND: Freddy Krueger
HEATHER LANGENKAMP: ella misma
MIKO HUGHES: Dylan
WES CRAVEN: él mismo

Este maestro del terror que es Wes Craven, no podía dejar morir a su mejor personaje sin intentar asustar a nuevas generaciones de adolescentes. Reacio a dirigir las anteriores secuelas, retomó el argumento aportando ciertas novedades interesantes, como sacar simultáneamente al personaje de Freddy Krueger con el actor Robert Englund, su alter ego en la vida real. También tuvieron papeles de cierta importancia el propio director y algunos de los otros actores, viéndose todos involucrados en esta historia de terror en la cual nunca pensaron en participar. Es como criar a un perro de presa que luego se vuelve contra nosotros.

La historia comienza con cierta intensidad cuando una actriz y su pequeño hijo comienzan a tener pesadillas; hechos que deben ser compartidos con los terremotos, pues para eso viven en Los Ángeles. Cuando las situaciones se agudizan, se enteran de que el director cinematográfico Wes Craven está escribiendo un nuevo guión para resucitar a Freddy Krueger basándose en sus propias pesadillas, en las cuales Freddy está intentando liberarse de su prisión onírica y pasarse al mundo real. Heather pronto llega a la aterradora conclusión que un demonio monstruoso ha asumido la personalidad de Freddy y trata de efectuar en la vida real las mismas escenas de la ficción. Indudablemente el malvado Freddy ha logrado traspasar las fronteras de la ficción y está aterrorizando a todo el equipo cinematográfico que le creó.
Nancy recuerda rápidamente que está viviendo las mismas situaciones que se describían en las películas, pero ahora traspasadas a la vida real, por lo que el terror que siente ya no es fingido. Cuando las matanzas comienzan ya nadie tiene dudas: Freddy ha vuelto, pero ahora ha salido de la pantalla y está sentado junto a los espectadores.

Para que todo resulte más creíble, Robert Englund, John Saxon y Heather Langenkamp, vuelven a interpretar los mismos papeles de la primera película, aunque Freddy aporta ahora una fisonomía bastante diferente, aunque no menos demoníaca. Con todo ello, podemos considerar a esta secuela como una película moderna e imaginativa, en ocasiones conmovedora, poseedora de ciertas escenas similares a "El Exorcista" y "Poltergeist". Sin embargo, para muchos espectadores se perdió mucho del anterior carisma, posiblemente porque Craven quiso hacer un filme más elegante, menos vulgar, intentando demostrar que había que tratar mejor a su malvado personaje.

Fue anunciada como la última y definitiva película sobre Freddy, aunque ahora ya sabemos de esa continuación en la cual mezclan a los dos malvados de más éxito en el cine, Freddy y Jason. Indudablemente, el interesante argumento proporciona, al menos, una película ingeniosa, inteligente y con abundantes escenas de terror. Con buenos efectos especiales y rodando incluso durante el terremoto real que aconteció, así como empleando los escenarios reales de Los Ángeles y los estudios New Line, se podría considerar casi como el digno epitafio de esta serie. El éxito fue superior al esperado, pues recaudó en los primeros tres días nada menos que 7 millones de dólares en los Estados Unidos.

FREDDY VS. JASON
(2003)

>
> Director: Ronny Yu
> Producción: Sean S. Cunningham.
> Música: Graeme Revell.

Intérpretes:
>
> ROBERT ENGLUND
> KEN KIRZINGER
> JASON RITTER
> MONICA KEENA

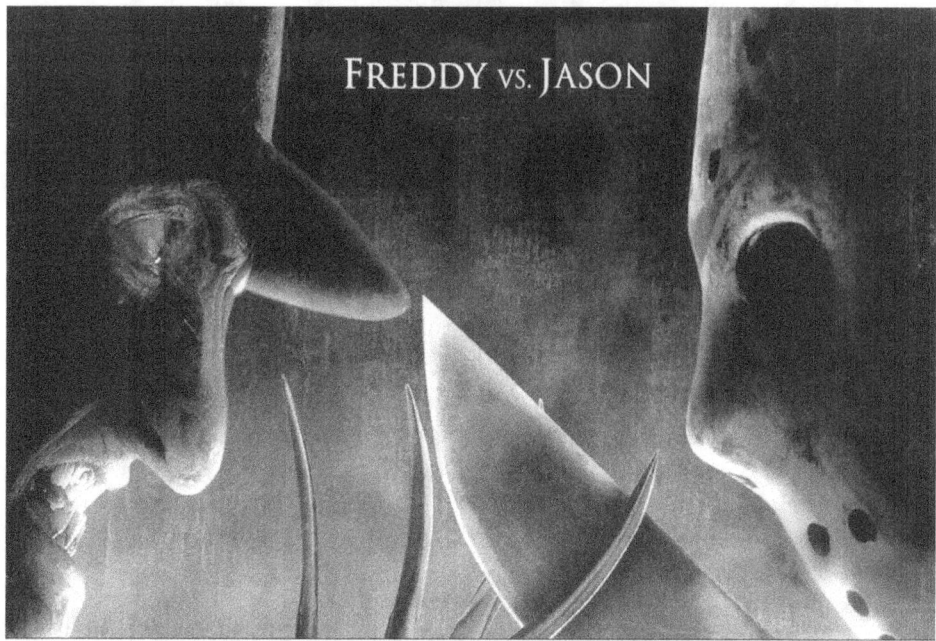

Han sido casi 10 años desde que ese siniestro personaje de terror, denominado Freddy Krueger (Englund), invadiera nuestras pantallas y sueños. Ahora vuelve desde los infiernos con un aliado igual de espantoso: el legendario Jason, quien con su careta de jugador de jockey ha sido capaz de matar a docenas de personas sin dar ninguna explicación, pues todavía no conseguimos escuchar el sonido de su voz. Nuestro 'entrañable' Freddy ha entrado en los sueños de ese monstruo y entre los dos titanes se establece la más espantosa de las batallas, con la sangre salpicando sin pudor las butacas de los cines. Ni un solo aficionado quedó defraudado con esta mezcla tan insólita de malvados.

Aunque las películas de terror no sean sus preferidas y disfrute más viendo una historia romántica, si decide acompañar a algún aficionado a ver este filme o comprar el DVD, le podemos asegurar diversión a raudales, tanta como sangre enlatada. Da igual que su personaje más odiado sea Jason, Michael Myers, Drácula o Freddy Krueger, pues en esta ocasión conseguirá el doble de horror por el mismo precio, lo que supone un lujo.

La fórmula parece sencilla (ahora la vemos también en *Alien vs. Depredador)*, pues si a usted le gustan –pongamos- cuatro actores, y se los dan juntos, seguramente acudirá rápidamente a ver la película. El problema es encontrar un argumento que satisfaga a todos y en el cual ninguno de los dos engendros acabe decididamente muerto, pues de ser así no habría manera de volver a traerlos a la vida. Ahora Jason y Freddy dedican más tiempo a cortarse en pedazos que a rebanar pescuezos de adolescentes, en una secuela interminable adornada con la sonrisa burlona de Freddy. Y así, cuando todo parece finalizar y comenzamos a recoger las palomitas sobrantes, he aquí que sus corazones vuelven a latir, la garra está tan afilada como el machete, y una nueva carnicería comienza en el muelle

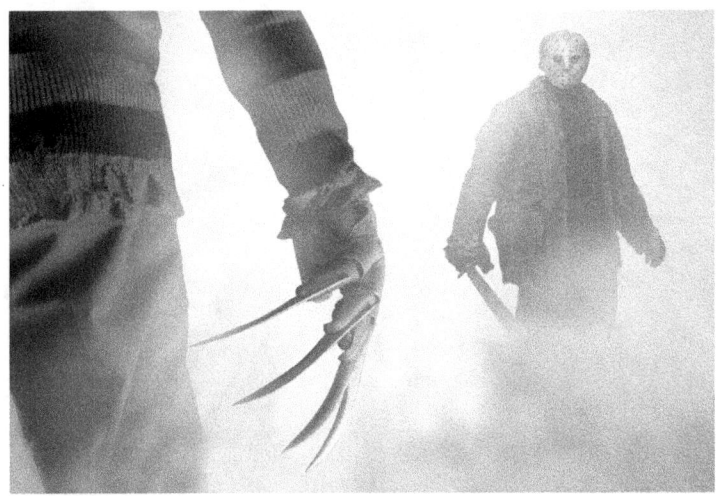

Jason Voorhees

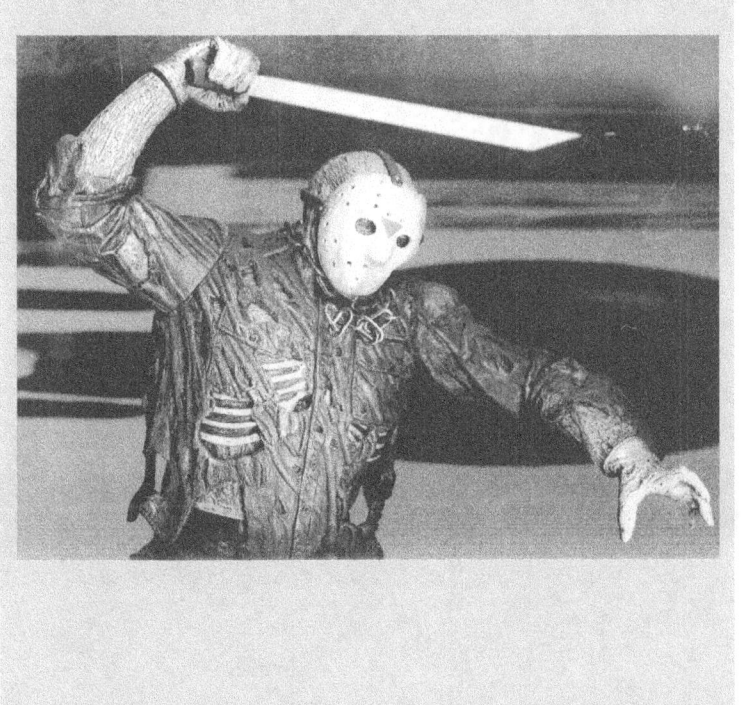

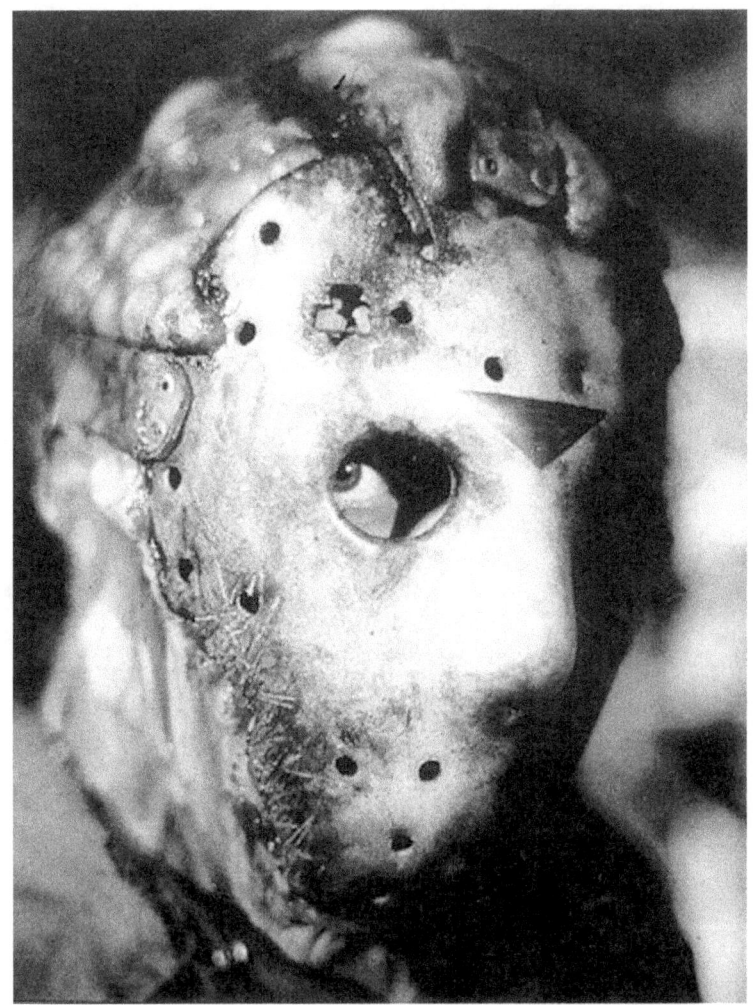

La máscara delante de la cara

Fecha de nacimiento: viernes, 13 de junio de 1946
Lugar: Condado de Wessex, Mass (New Jersey)
Raza: Caucásico
Sexo: Varón
Altura: 1,95 m
Peso: 113 kilos
Pelo: Rubio, muy poco
Ojos: Marrones
Cicatrices o marcas: Heridas de machete en el cráneo, centenares de heridas de la bala, y otras lesiones.
Observaciones: Jason siempre está en paradero desconocido. Los informes pasados lo sitúan en alguna parte de Forest Green County (Wessex County). Se le conoce por llevar un machete, pero es experto en el arte de matar con numerosas armas (hacha, cuchillos, guadañas, etc.) Voorhees es muy familiar en el área de Crystal Lake, así como en las zonas de bosque cercanas.

Aparentemente le teníamos que odiar, pues es el más estúpido de los asesinos en serie, matando sin una razón; ni siquiera la venganza o el placer. ¿Quién entre nosotros puede aplaudir o sentir admiración por este engendro de nombre Jason que vive apartado de todos, que se dedica laboralmente a rebanar las cabezas de los campistas, que no atiende las súplicas y que ni siquiera muestra su imagen? Por supuesto, tampoco le impulsa un instinto sexual, pues matar a una guapa chica desnuda no es propio de varones encandilados.

Psicológicamente tampoco es un individuo que se le pueda encuadrar en un manual de psicopatía, aunque parece ser que tenía algún tipo de relación con su madre, según lo establecido en las dos primeras partes. De papá Voorhees nada sabemos, por lo que podemos pensar que el embarazo de su madre fue debido a un adulterio o violación, siendo esta la causa por la cual fue abandonado en su nacimiento por su progenitor. ¿Habría podido ella desarrollar un desprecio hacia el sexo que inculcó a su hijo? Bien, pues este anti-héroe que aparece bruscamente, de andares pausados, con máscara y machete como señales de identidad, goza todavía de buena salud, y así esperamos que siga ocurriendo, salvo que le enfrenten con Michael Myers y le envíe definitivamente al otro mundo.

JASON, MICHAEL & FREDDY

Inicialmente no había Freddy Krueger, ni Jason, y Michael Myers solamente era un personaje extraño en un filme de John Carpenter titulado "Halloween". En aquella época (años 70), las películas violentas de terror eran consideradas para gente desquiciada, y los críticos apenas tenían palabras amables para George Romero y "La noche de los muertos vivientes". Sin embargo, Cronenberg, Craven, Dante, Carpenter, y otros tantos insistían en efectuar películas de horror y sangre que estuvieran bien realizadas. Mucho ha cambiado desde entonces, por varias razones: una, Stephen King ha conseguido consolidarse como escritor de terror y las películas basadas en sus obras tienen cierto prestigio. Dos, las antologías del cine de terror son frecuentes y ya existen varias cadenas de televisión especializadas en este género. Tres, además de Fangoria, hay otras revistas especializadas que incluyen siempre un apartado de ese género. Cuatro, todos los directores anteriormente mencionados son objeto de revisión y retrospección, y son habituales sus DVD actualizados y remasterizados.

Paradójicamente, los productores de estas películas han intentado matar la gallina de los huevos de oro aniquilando a sus protagonistas, y una y otra vez hemos visto morir "definitivamente" a Freddy, Jason y Michael, lo mismo que a ese chico que se pone la careta de fantasma en *Scream*, y a quien nos asegura que "sé lo que hiciste el último verano". Afortunadamente la maldad tiene su atractivo y por eso los creadores de *Halloween, Freddy Krueger* y *Viernes 13* han realizado tantas secuelas que hemos perdido la cuenta, y eso que sus víctimas afinan cada vez más la puntería.

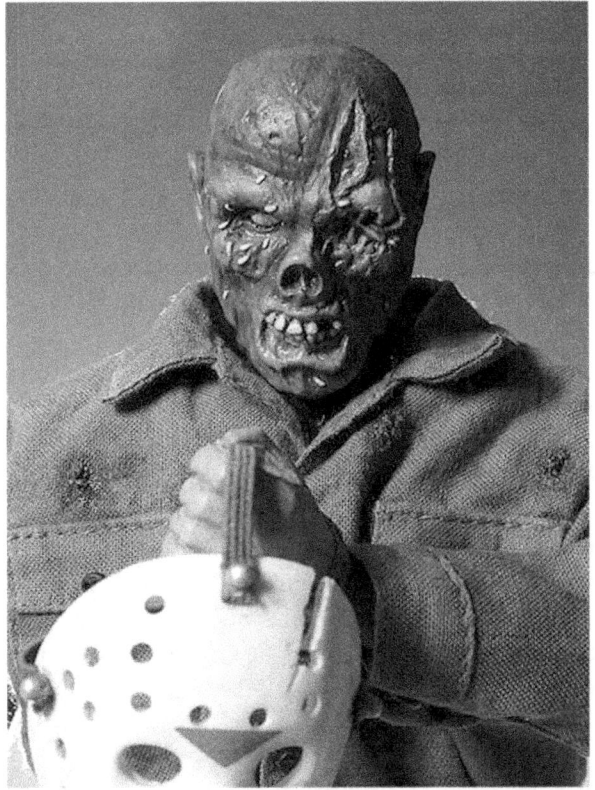

La cara detrás de la máscara

LAS SEIS CARAS DE JASON

Dicen que mala hierba nunca muere, y nadie mejor que Jason Voorhees, nuestro asesino de la máscara de jockey, para demostrarlo. Porque Jason lleva más de veinte años muriendo y volviendo a la vida para amargar la existencia a todo aquel joven campista o estudiante infeliz que encuentra en su camino. Y si además puede hacerle pedacitos, mucho mejor.

La leyenda del *Viernes 13* comenzó en 1957, en Crystal Lake (New Jersey), cuando el joven Jason muere ahogado en ese lago. Todo podría haberse quedado en un simple accidente amargo, pero inmediatamente se desata una oleada de crímenes sangrientos cometidos por quien sería después nuestro muerto viviente favorito, alentado por un afán de venganza.

A Jason se le atribuye desde entonces una larga lista de víctimas que ya quisiera para sí cualquier asesino en serie. No obstante, las diferencias son notorias, pues este loco de la máscara tiene el detalle de variar de forma y de arma cada vez que acaba con la vida de alguien, aunque sus favoritas son el hacha y un cuchillo de hoja larga y bien afilada, existiendo datos que nos confirman que incluso ha llegado a utilizar una guitarra eléctrica o un atizador de chimenea. Depende de lo inspirado que esté.

Las víctimas predilectas del asesino de *Viernes 13* suelen ser jóvenes estudiantes que veranean en los alrededores de Crystal Lake, y con más razón si son chicas y están de buen ver. Aun así, no se lleven a engaño, ya que al final no hay nadie que se pueda escapar, ni siquiera los que intentan correr con desesperación. Por ello todos sus asesinatos son dignos del mejor estilo gore, y aunque la autocensura funciona con eficacia, la saga no escatima en violencia, sangre y vísceras, más que nada porque en ocasiones cuenta con la estimable ayuda de su madre o algún que otro inocente poseído por su espíritu.

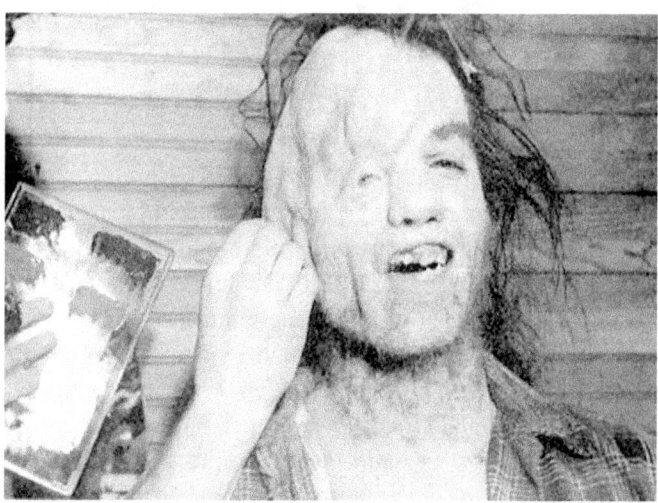

Jason Voorhees suele darse una nueva vuelta por el mundo periódicamente, pero sigue teniendo una peculiaridad que nos causa más asombro que sus mismos actos: esta máquina indestructible de matar, el individuo de andares majestuosos casi silenciosos y tan versátil que es capaz de escoger como arma letal cualquier utensilio vulgar, sigue sin saber hablar, aunque no nos importa mucho. "Terminator" también es parco en palabras y miren la que armó.

Sus andazas comenzaron firmemente en 1980, aunque hay quien asegura que ya en la década de los 50 se le veía por los trigales portando un machete, quizá para matar conejos. También llevaba un palo de jockey y hasta un saco, seguramente para meter dentro a sus víctimas, especialmente la cabeza, su parte fetiche preferida. Dentro de esta terrorífica apariencia han estado ya seis actores, y ninguno de ellos ha ganado ni un gramo de popularidad, no por sus horrendas matanzas, sino porque ni siquiera sabemos el color de su pelo. Así no hay manera de ganar un Oscar al mejor actor. Solamente uno de los seis tuvo una segunda oportunidad, pero poco más sabemos de ellos. Aun así, no hay nadie que se atreva a rechazar interpretar a Jason, y cuando se realiza un casting son legión los que aspiran al papel.

Durante estos veinte años, el loco de la máscara de jockey se ha convertido en un auténtico mito del cine de terror. Son muchas las referencias que se han hecho a Jason en series de TV, películas, canciones, libros, juegos y hasta anuncios. También ha participado en varios cómics e incluso ha logrado fundirse en una película con su homólogo Freddy Krueger, el asesino de las pesadillas en Elm Street.

PELÍCULAS

VIERNES 13
Friday the 13th (1980)

Director: Sean S. Cunningham
Guión: Victor Miller

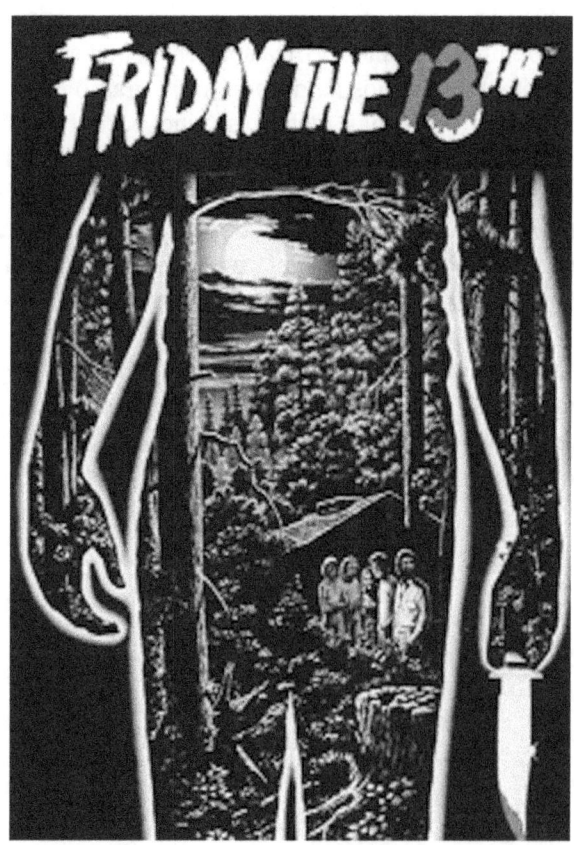

Intérpretes:
>BETSY PALMER: Pamela Voorhees
>ADRIENNE KING: Alice Ardí
>HARRY CROSBY: Hill
>LAURIE BARTRAM: Brenda
>JEANNINE TAYLOR: Marcie Cunningham
>KEVIN BACON: Jack Burrell
>ARI LEHMAN: Jason Voorhees

La tenebrosa historia comienza en el campamento de Crystal Lake, en el año 1958, con dos jóvenes monitores del campamento asesinados mientras estaban haciendo el amor. Años después, una joven cargada con una mochila intenta llegar al mismo lugar, aunque los habitantes del pueblo le avisan de que ese es un sitio donde la muerte está siempre presente. Las matanzas van a continuar.

Puesto que la gente es muy desmemoriada, el campamento de verano de Crystal Lake reabre sus puertas tras permanecer varios años cerrado a raíz de ese trágico accidente. A partir de ese momento, empiezan a aparecer muertos en extrañas circunstancias varios de los jóvenes que han acudido allí a pasar sus vacaciones y los hechos parecen estar relacionados con la muerte de un joven ahogado años antes.

Dirigida por Sean S. Cunningham, y seguramente influido por el éxito de John Carpenter por *La noche de Halloween* en 1978 y por el interés que había suscitado ese asesino pertinaz en su mudez llamado Michael Myers, nos sacan a este Jason Voorhees que también insiste en no articular palabra. Nuevamente los sufridos protagonistas son jóvenes, estúpidos en ocasiones e insensatos con frecuencia, por lo que caen sin problemas bajo ese machete oxidado que destila sangre. Por supuesto, las escenas son casi todas nocturnas, pues es en la oscuridad cuando más miedo tenemos de los demonios y, además, no les podemos ver hasta que ya les tenemos encima. También hay una cabaña, bastante humedad, bombillas que se apagan en el momento más inoportuno lo mismo que las linternas, y algunos rayos para alumbrar la nueva matanza. ¿El final? Para qué se lo voy a contar si ya lo han adivinado. Apoteósico, cargado de suspense y terror, y con el resto de la sangre que aún no había llegado al río. Nadie presagiaba que este filme tendría tanto éxito, ni mucho menos que sería el inicio de una de las sagas más longevas. Las andanzas del malísimo Jason en pos de inocentes víctimas, a las cuales mata de las maneras más increíbles, supusieron un éxito increíble de público, sediento parece ser de sangre y muerte. De esta interminable serie, de la que se hicieron diez películas (hasta ahora), surgió una nueva escuela para el cine de terror, en la cual lo importante era la manera de matar, el sufrimiento de la víctima, y no el móvil o la justicia final.

VIERNES 13: PARTE II
FRIDAY THE 13TH: PART 2 (1981)

Director: Steve Miner
Guión: Ron Kurz
Música: Harry Manfredini
Fotografía: Peter Stein

Intérpretes:
AMY STEEL: Ginny Field
JOHN FUREY: Paul Holt
ADRIENNE KING: Alice
KIRSTEN BAKER: Terri

La esperada secuela llegó de la mano de Steve Miner, con quien habíamos disfrutado en la película *House, una casa alucinante*, aunque ahora tiene a su disposición más sangre y vísceras. Sin embargo, tuvo que reprimir sus deseos de mostrar los asesinatos en serie con total crudeza, pues la censura en su país la llevaría inexorablemente a que solamente pudiera ser vistas por mayores de 21 años. Ello le obligó a mostrar menos sangre de la deseada,

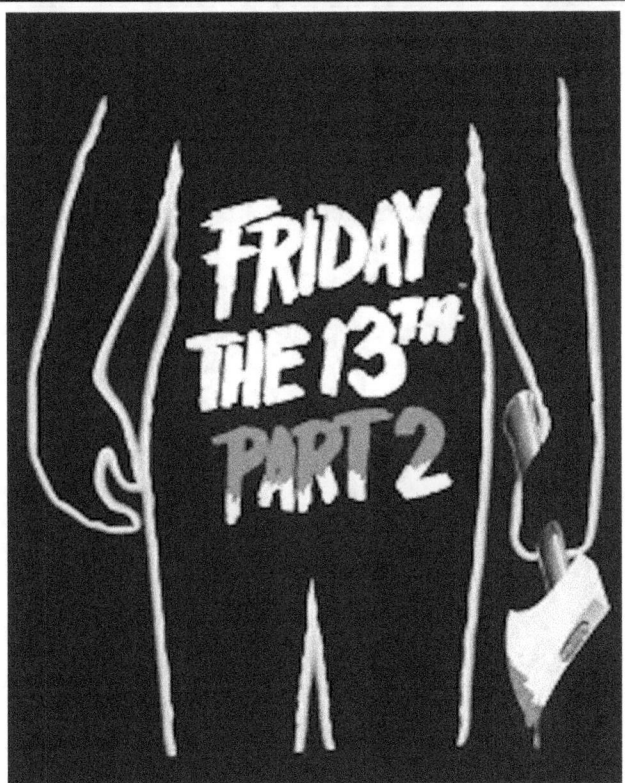

apenas un esbozo, pero casi se lo tenemos que agradecer, pues tanto color rojo termina por marearnos.

La historia nos devuelve a la joven Alice, la única superviviente de la anterior masacre, de nuevo acosada por Jason en su residencia. Estos hechos ocurren cinco años después de la masacre de Crystal Lake, pero ahora la leyenda de Jason circula de boca en boca, y hay quien asegura que sigue vivo y ha regresado para vengar la muerte de su madre. Cuando las sospechan se confirman, ya es demasiado tarde. Y es que el campamento juvenil en donde hace unos meses tuvieron lugar las matanzas es reabierto y sus inquilinos son atacados otra vez por el mismo asesino, ahora alejado ya de su madre, aunque mucho más fuerte y agresivo.

VIERNES 13: PARTE III
Friday the 13th: Part 3 (1982)

Director: Steve Miner
Fotografía: Gerald Feil
Música: Michael Zager

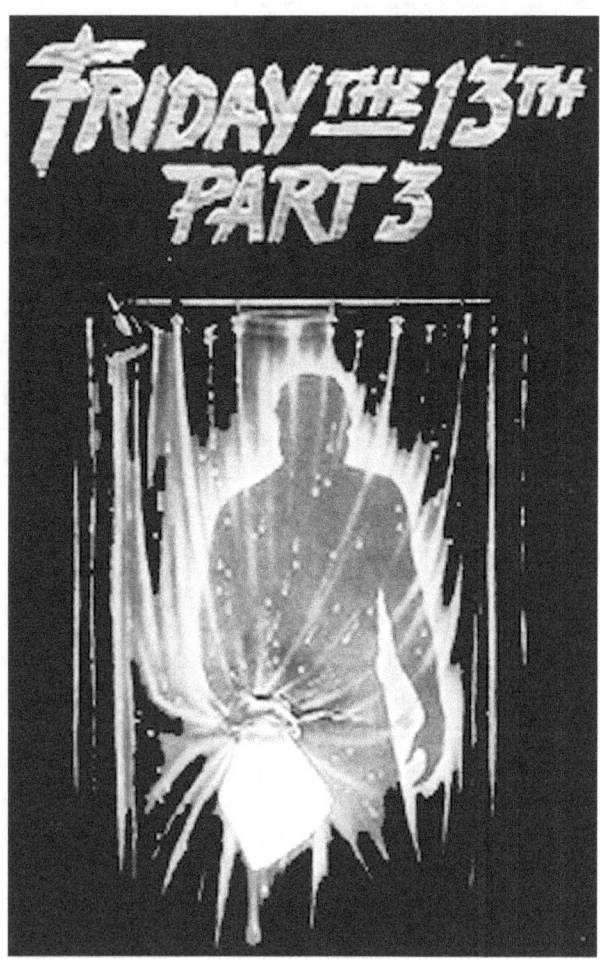

Intérpretes:
>DANA KIMMELL
>PAUL KRATKA
>TRACIE SAVAGE
>JFFREY ROGERS
>RICHARD BROOKER

Si un asesino que porta un enorme machete resulta por sí mismo terrorífico cuando avanza hacia el espectador, imagínense si le añadimos el 3D y logra entrar sin problemas en el patio de butacas. Claro que siempre podemos quitarnos las gafas y dejarle en su sitio mientras buscamos las últimas palomitas en la bolsa.

Esta secuela es algo peor que las anteriores, pero como sigue estando dirigida por Steve Miner y la heroína es igual de guapa que las anteriores, no nos importa y casi hemos disfrutado lo mismo. Jason vuelve a estar tan terrorífico como siempre, aunque algo más majestuoso al estar encarnado por Richard Brooker, un musculoso actor que logra hacer que el suelo retumbe más aún cuando camina.

Otra novedad es que ahora se sitúa al asesino de la máscara en un escenario diferente. Jason abandona los campamentos de Crystal Lake y se refugia en una granja solitaria, donde se empeña en ampliar su particular lista de asesinatos, concretamente una banda de motoristas.

VIERNES 13 IV: CAPÍTULO FINAL
Friday the 13th. The Final Chapter (1984)

>Director: Joseph Zito
>Guión: Barney Cohen
>Música: Harry Manfredini
>Efectos especiales: Tom Savini

Intérpretes:
> JUDIE ARONSON
> ERICH ANDERSON
> PETER BARTON
> KIMBERLY BECK

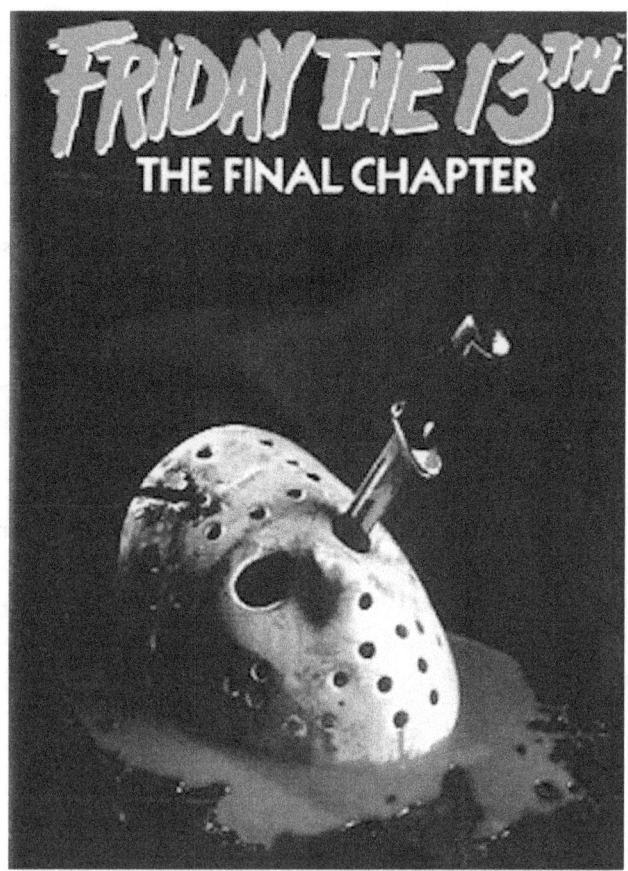

Ahora sabemos que era mentira, que no suponía el final de Jason, pues ahora regresa al hogar. De vuelta a Crystal Lake, Jason la toma de nuevo con los habitantes de la zona y en esta ocasión entra en escena Tommy Jarvis, un niño de doce años que vive en una casa cerca del lago. El asesino de la máscara irá matando a su familia y a sus vecinos uno por uno.

El cambio de director fue un acierto para evitar la reiteración y podremos considerar que este falso capítulo final es un filme acertado. Desde que empezó la serie el espectador ya sabía que los lagos cristalinos en medio de un paraje solitario no eran seguros, por eso cuando vemos a unos ignorantes revolviendo entre los cadáveres en Crystal Lake nos tememos lo peor.

Considerada por muchos como la mejor cinta de la serie, podemos ponerle como pega la pérdida de energía que manifiesta el personaje, decididamente menos imponente que en las anteriores entregas. El guión vuelve de nuevo a hacer aguas, con tantas lagunas como el lugar en donde se desarrollan los hechos, aunque cuando vemos a Jason trabajando en lo que más le gusta –matar y descuartizar- nos olvidamos de los defectos. Las largas secuencias sin aparente interés desembocan en un final apoteósico, momento en el cual nos reconciliamos con el director y le prometemos asistir a la nueva y sangrienta entrega.

VIERNES 13 V: UN NUEVO COMIENZO
Friday the 13th, Part V: A New Beginning (1985)

Director: Danny Steinmann

Intérpretes:
JOHN SHEPHERD: Tommy
MARCO ST. JOHN: Tucker
MELANIE KINNAMAN: Pam

Jason parece haber muerto, pero Tommy, el niño protagonista de la entrega anterior, no puede olvidar su encuentro con él, así que es ingresado en una institución mental en la que intentan ayudarle a superar el trauma. El problema surge cuando alguien comienza a asesinar a los pacientes siguiendo los métodos del loco de la máscara, y todos los indicios apuntan a Tommy.

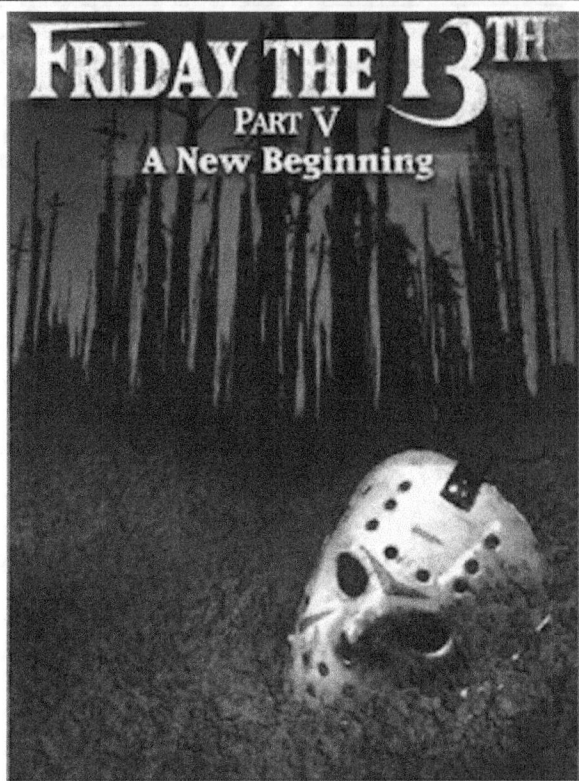

Ahora Jason se ha refinado y casi podríamos asegurar que mata a sus víctimas siguiendo un orden escrupuloso, casi con un gusto exquisito, pero no puede evitar que quede un superviviente. Afortunadamente ya hemos comprobado que la policía en el cine es tonta, y como no creen en zombis ni asesinos enmascarados, le dejan seguir su mortífera costumbre hasta que ya es demasiado tarde.

¿Es esta la peor película de la serie? Bien, ninguna es especialmente buena, pero siempre procuran sacarnos alguna forma nueva de efectuar una cadena de asesinatos, ahora adornados con una adecuada secuencia de rayos y truenos. La razón por la cual la gente tiene aversión hacia esta película es principalmente debido al hecho de que Jason Voorhees no es el asesino de la historia, y quizá ahí está su mérito. Ello da lugar a algunas escenas interesantes, delirantes según quién las juzgue, pero creo que estos aspectos parecidos a una comedia de horror se agradecen y la menos aporta cierta frescura.

La representación de John Shepherd como Tommy, pasando de ser un joven seriamente afectado por los sucesos anteriores, hasta ahora, demostrando miedo, cólera, tristeza y paranoia, así como un intenso deseo de sobrevivir, es sumamente correcta.

VIERNES 13 PARTE VI: JASON VIVE
Friday the 13th parte VI: Jason lives (1986)

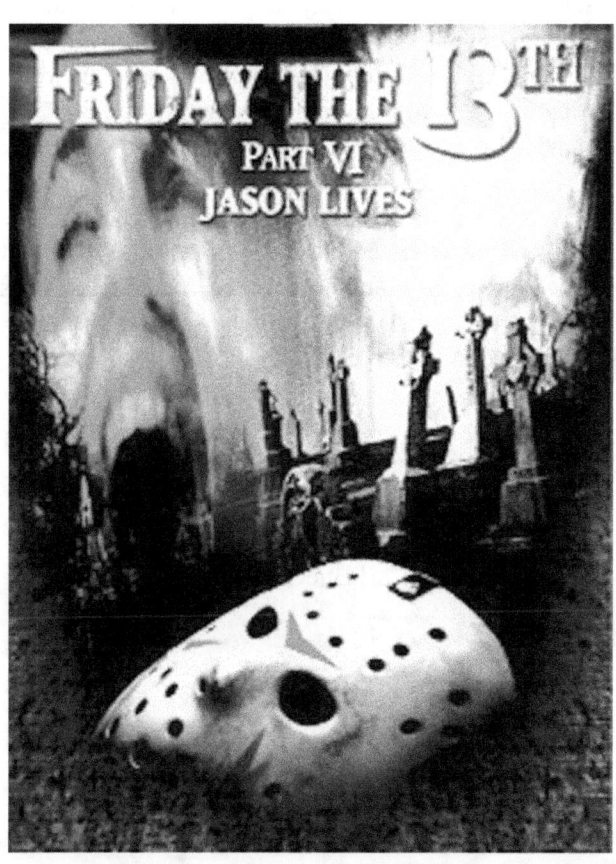

Director: Tom Mccloughlin

Intérpretes:
THOM MATHEWS
DAVID KAGEN
JENNIFER COOKE

Tommy fue un héroe en la anterior entrega, ya que consiguió matar al malvado Jason y enviarlo al infierno. Pero allí no deben querer a esta clase de engendro y deciden enviarle de vuelta a la tierra, aunque de momento le dejan enterrado en su tumba. Sin embargo, nuestro inocente protagonista va al cementerio, pues parece ser que se siente atormentado por el miedo a que Jason no esté realmente muerto. Así que en compañía de un amigo decide excavar en la tumba de Jason. Desgraciadamente para Tommy (y más aún para su amigo), en lugar de encontrar un cadáver descomponiéndose descubren que Jason se ha conservado a la perfección, regresando de entre los muertos para otra sangrienta aventura. Y como el ser humano tiene una extraña habilidad para tropezar dos o más veces con la misma piedra, los habitantes de Crystal Lake tampoco creen en la reencarnación de este monstruo de andares pausados y machete ensangrentado, dejando solo al pobre Tommy para que acabe con él.

VIERNES 13 PARTE 7: SANGRE NUEVA
Friday the 13th part VII: The new Blood (1988)

Director: John Carl Buechler

Intérpretes:
HEIDI KOZAK
KANE ODRE
KEVIN SPIRTAS
SUSAN BLU

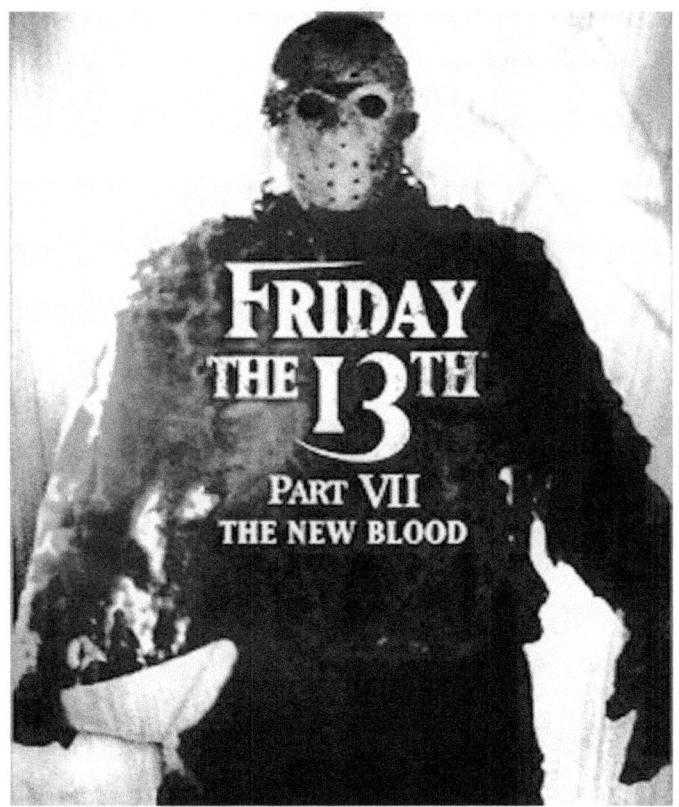

Le tiraron en lo más profundo del lago y para que no se moviera durante siglos le ataron con gruesas cadenas. Pero siempre hay quien hace la mayor de las tonterías en medio de su inocencia y en este caso Tina Shepherd, experta en ocultismo y en hacer levitar los objetos, no es consciente de que está liberando al mismísimo demonio del machete. Para remediarlo e impedir que las masacres sigan generalizándose, utiliza sus poderes telequinésicos para detener al monstruo, pero algo no sale bien y el terror sigue su curso, justo en dirección a ella misma. Y es que Tina se había sentido culpable por la muerte de su padre años antes en Crystal Lake, por lo que presionada y acompañada por su psicólogo decidió regresar al lugar del accidente para enfrentarse a sus temores.

VIERNES 13 PARTE VIII: JASON VUELVE...
PARA SIEMPRE
Friday the 13th part VIII: Jason takes Manhattan (1989)

Dirección y guión: Rod Hedden
Fotografía: Bryan England
Música: Fred Mollin
Efectos especiales: Dale Fay

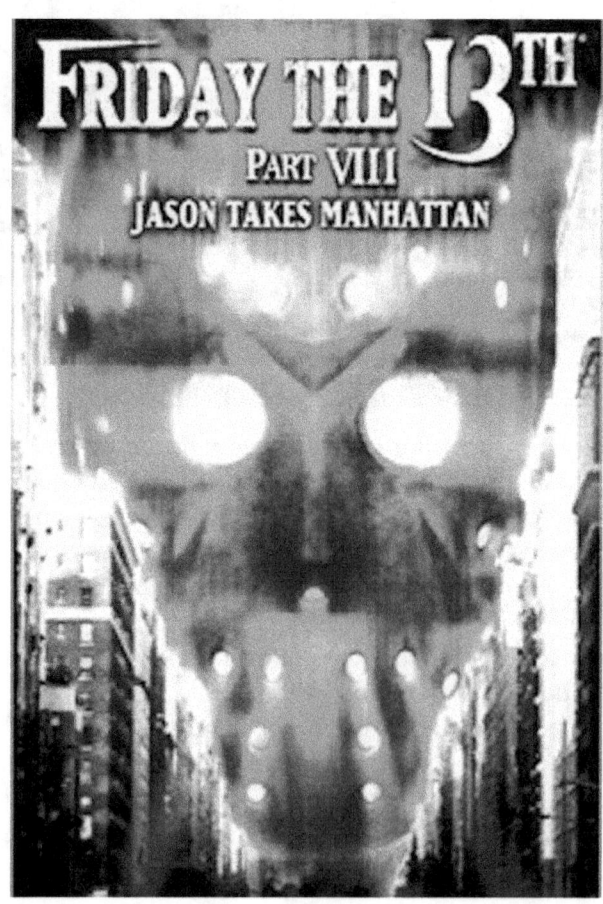

Intérpretes:
>JENSEN DAGGETT: Rennie Wickham
>KANE HODDER: Jason Voorhees
>PETER MARK RICHMAN: Charles McCulloch
>SCOTT REEVES: Sean Robertson

Nada menos que Jason Voorhees, el maníaco indestructible, se pasea ahora por Nueva York, concretamente por la Gran Manzana, en busca de cuerpos tiernos y confiados a los cuales cortar en pedazos. Primero se toma un aperitivo sangriento en el '*barco del amor*', un lugar repleto de adolescentes con destino a Nueva York, el cual no tardará en convertirse en un apoteósico viaje al infierno sin retorno. Solamente uno de ellos se escapa y para huir de la muerte se adentra en los laberintos del metro y las cloacas de Manhattan, donde tendrá que enfrentarse a Jason por última vez.

VIERNES 13 IX: EL VIERNES FINAL
Jason Goes to Hell: Final Friday (1993)

>Director: Adam Marcus
>Guión: Jay Huguely
>Productor: Sean S. Cunnigham

Intérpretes:
>KANE HODDER: Jason/Guarda de seguridad
>JOHN D. LE MAY: Steven Freeman
>KARI KEEGAN: Jessica Kimble

Una vez más, Jason resucita para incrementar su lista de víctimas, pero en esta ocasión por fin se descubre el secreto de su resistencia: el corazón diabólico del asesino posee a una persona tras otra para cometer sus brutales crímenes. El último descendiente de los Voorhees, la familia de Jason, deberá acabar con él antes de que se haga inmortal y se vuelva imparable, siendo la

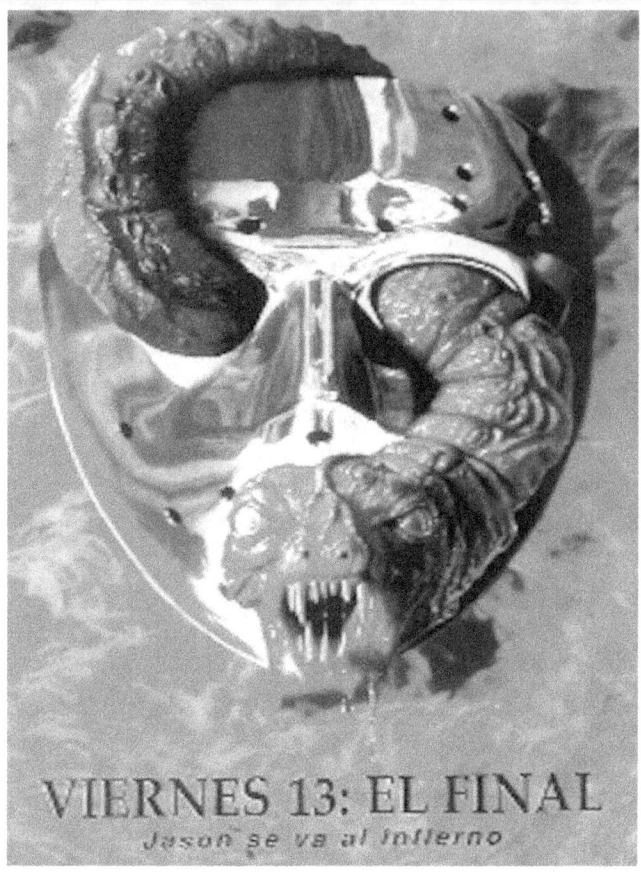

VIERNES 13: EL FINAL
Jason se va al infierno

primera víctima su propia hermana. Ella corre veloz para salvar-se por los alrededores del cristalino lago, y súbitamente agentes del FBI y otros ciudadanos aparecen entre las sombras y le cosen a balazos, acabando con sus restos diseminados por el lugar. Jason Voorhees está definitivamente muerto. Los espectadores no están de acuerdo, pues han pagado una entrada para ver en acción a su sangriento ídolo, por lo que siguen en su butaca en espera de que el guionista les den una solución. Y esta llega de la manera más imaginativa cuando el alma de Jason toma pose-sión de uno de los agentes, un robusto varón con cara de mala leche.

Indudablemente el miedo aumenta en el espectador, al ver a esa persona aparentemente normal deambulando por los pasillos sin que nadie pueda percibir que en su interior esconde a un maníaco. Antes, por lo menos, le veíamos venir y sus aposentados pasos retumbaban en la lejanía, por lo que echar a correr era siempre la mejor opción. Ahora podemos decir un saludo cortés al cuerpo que alberga su alma, justo un segundo antes de que nos corte el cuello. No obstante, el director encontró una manera eficaz para matarle, pero justo al final de la película, por lo que tuvo tiempo de provocarnos buenos y prolongados sustos.

JASON X
(2001)

Director: James Isaac
Guión: Todd Farmer y Victor Miller
Productor ejecutivo: Sean S. Cunningham
Música: Harry Manfredini

Intérpretes:
KANE HODDER: Jason Voorhees
LEXA DOIG: Rowan
LISA RYDER: Kay-Em 14
JONATHAN POTTS: Profesor Lowe
DAVID CRONENBERG: Dr. Wimmer

Como siempre, nos muestran que en el futuro la Tierra ya no es habitable y para sobrevivir los humanos tienen que ir al espacio exterior. Ahora, una nave encuentra en una pequeña estación abandonada a dos cuerpos helados, crionizados para más detalles, uno de ellos una guapa chica que cuando se despierta en lugar de manifestar estupor pega una bofetada a quien la mira desnuda. Bien, pues el otro elemento es nada menos que Jason Voorhees, a quien todos conocemos simplemente por Jason, el malvado asesino con la careta de un jugador de jockey. En la

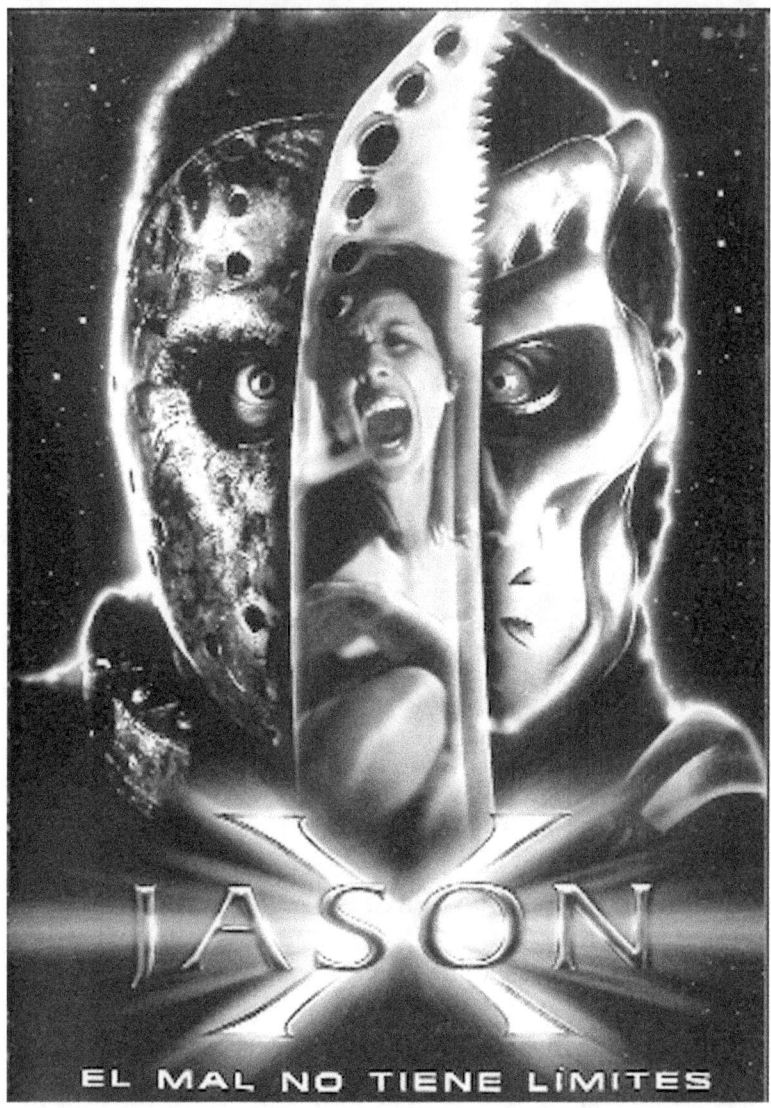

anterior secuela, la número 9, parecía muerto, pero eso era solamente para despistar a los aficionados, ya que ahora está más
vivo que nunca y portando su largo machete sigue cortando
cabezas y otras partes corporales.

Después llega un androide femenino, una cibor cuyos pechos no tienen pezones porque a su creador se le olvidó este detalle, que aunque creemos que solamente está para relaciones sexuales, cuando se desmadra planta cara al mismísimo Jason. Pronto acaba descompuesta y sin novio, ya que termina con la cabeza cortada, pero, aun así, logra poner en marcha una computadora. Y es que este Jason ya es más invulnerable que Superman y así la película pierde interés, algo que nos ocurre a los cinco minutos de proyección, justo cuando vemos a la tripulación compuesta por chicas con el ombligo al aire y jovencitos listos para acudir a la discoteca.

FREDDY VS. JASON (2003)

Director: Ronny Yu

Intérpretes:
ROBERT ENGLUND: Freddy Krueger
KEN KIRZINGER: Ken Kirzinger
JASON RITTER
MONICA KEENA

Han sido casi 10 años desde que ese siniestro personaje del terror, denominado como Freddy Krueger, invadiera nuestras pantallas y sueños. Ahora vuelve desde los infiernos con un aliado tan espantoso como él, el legendario Jason, quien con su careta de jugador de jockey ha sido capaz de matar a docenas de personas sin dar ninguna explicación, pues todavía no conseguimos escuchar el sonido de su voz. Nuestro 'entrañable' Freddy ha entrado en los sueños de ese monstruo y entre los dos titanes se establece la más espantosa de las batallas, con la sangre salpicando sin pudor las butacas de los cines. Ni un solo aficionado quedó defraudado con esta mezcla tan insólita de malvados.
Freddy Krueger está en el auténtico infierno pagando por sus

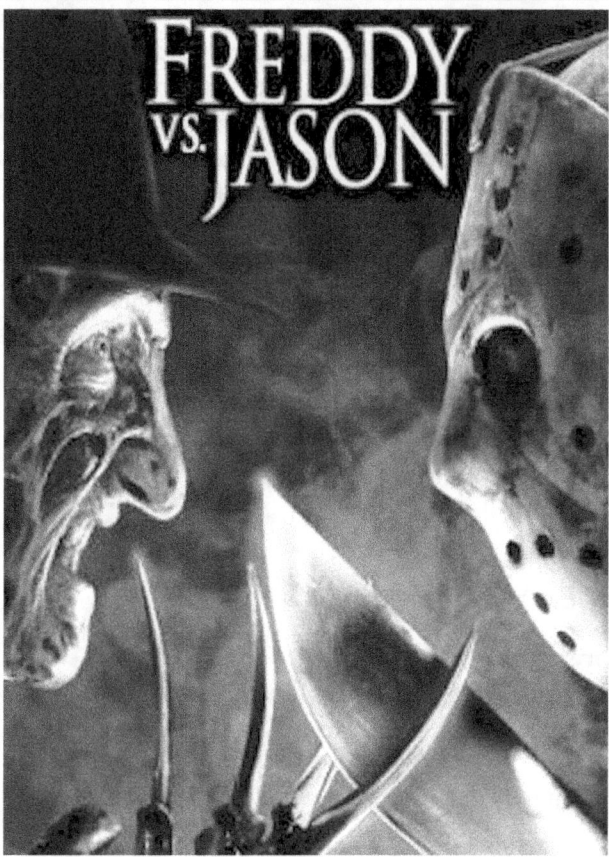

errores y por eso su recuerdo ha sido sistemáticamente borrado en el pueblo donde decidió efectuar su macabra venganza. La solución consistió en drogar a sus posibles contactos para impedir que sueñen, dejando sin una puerta de entrada al engendro de las pesadillas. También han eliminado su miedo y esto representa una tortura extrema para él, ya que había conseguido con el paso de los años convertirse en una leyenda.

Pero la imaginación de Freddy es sumamente fértil y logra resucitar a Jason Voorhees, el loco protagonista que dio origen a la maldición del Viernes 13. Con su colaboración ha encontrado el medio perfecto para volver a aterrorizar a los habitantes de Elm Street y le permite salir de su infierno particular. Dotado de mayor inteligencia que Jason, consigue manipularle con suma facilidad y le engaña para que viaje a Springwood para iniciar otro reinado de terror. El problema es que resulta más indomable de lo previsto y aunque inicialmente el número de cadáveres es importante, poco a poco se dan cuenta que sus diferencias son absolutas y comienzan una pelea entre ellos, alternando entre el mundo de los sueños y la realidad.

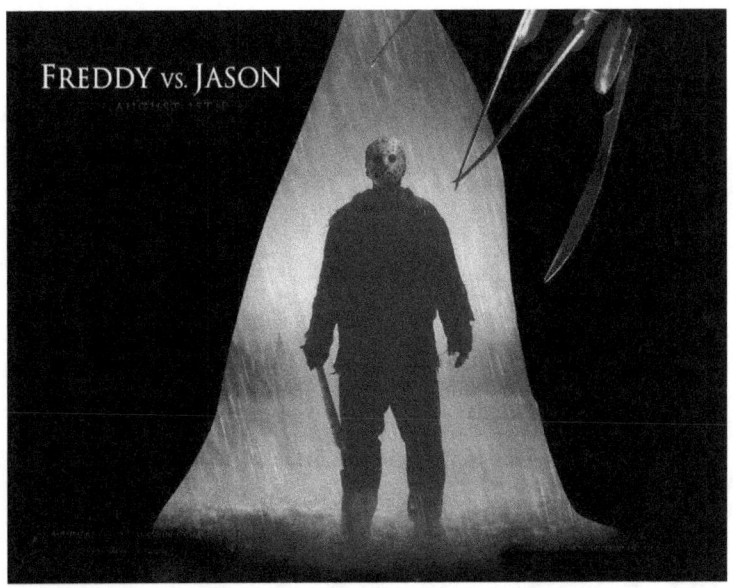

Michael Myers

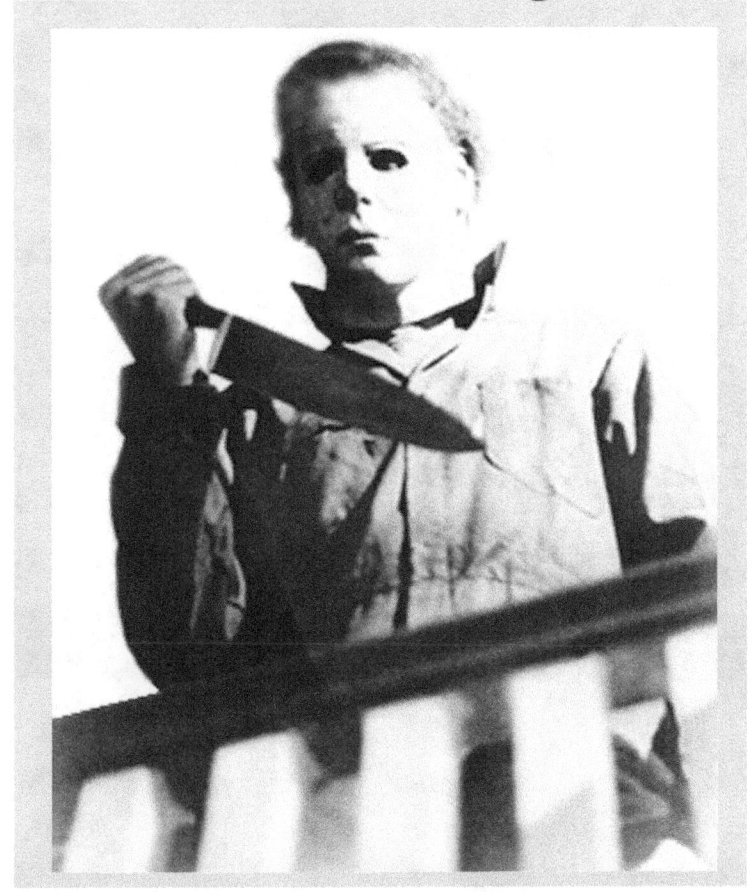

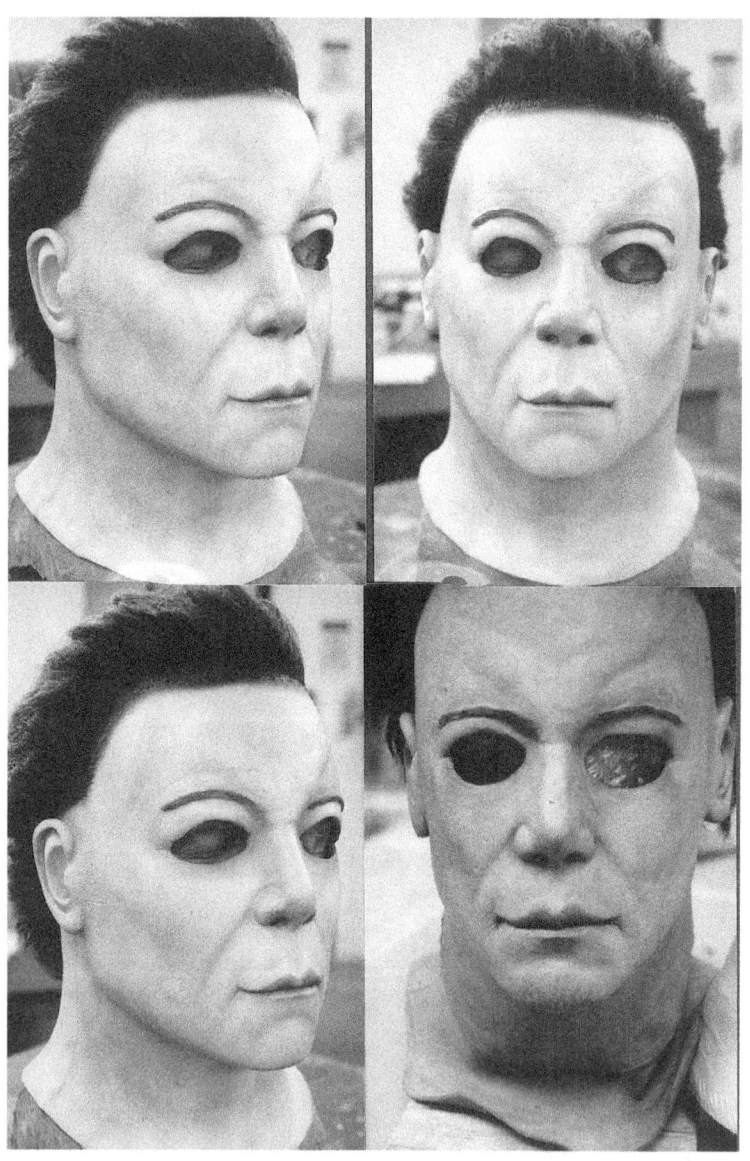

Michael Audrey Myers nació en Haddonfield y con tan solo seis años quedó al cuidado de su hermana Judith, justo en la noche de Halloween de 1963. Pero la chica no prestaba mucha atención a su hermano, ya que estaba muy atareada besando a su novio. Esto provoca la ira del pequeño Michael, y aprovechando un descuido de ambos le clava al chico un enorme cuchillo en la espalda, mientras su cara muestra una máscara de payaso. Mata también a su hermana y cuando llegan sus padres deciden meterle en un hospital psiquiátrico, dejando ordenado que nunca más le dejen salir de allí. Olvidado por su familia, y con solamente paredes blancas como horizonte, sus ansias de venganza no pasan desapercibidas para el doctor Lommis, quien está convencido de que en sus ojos se esconde el mismísimo diablo. Una lluviosa noche de 1978 un accidente provoca la huida de los enfermos, y a pesar de todos sus esfuerzos Lommis no logra encontrar a Michael, quien planea una nueva venganza la noche de Halloween.

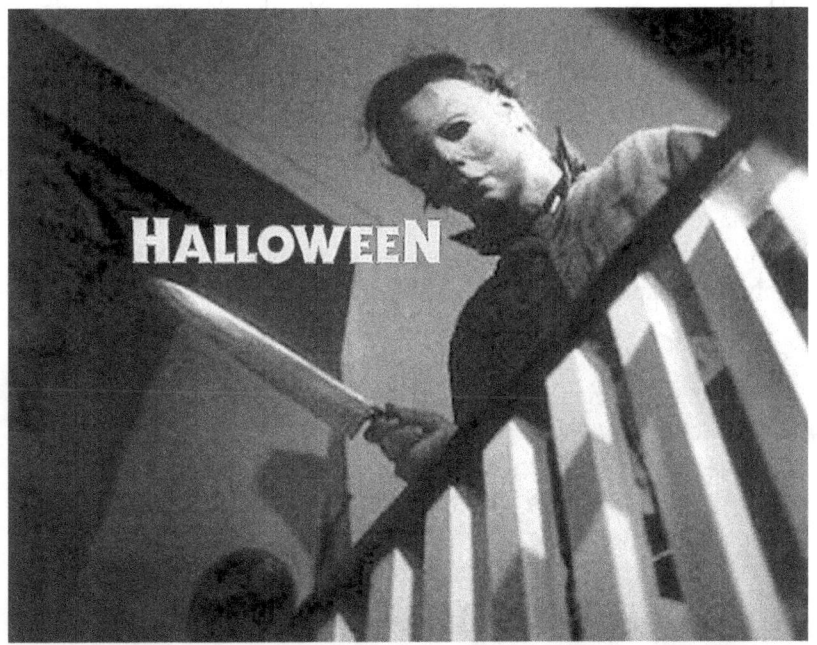

Curiosidades

El entrañable Kirk de la serie Star Trek original, interpretado por William Shatners, fue la primera persona que se puso la máscara de Myers, aunque como sabemos no aceptó interpretar ese papel que le ocasionaría el rechazo de sus miles de fans. Detrás de esa máscara han pasado varios actores, pero solamente pudimos ver al natural a uno de ellos, Tony Moran, quien sería sustituido posteriormente por Will Sandin y Tommy Wallace, aunque también estuvo dentro de esa máscara una fornida mujer.

El exiguo presupuesto fue simplemente el dinero sobrante de otro filme, debiendo participar el propio Carpenter en la elaboración del guión junto a Debra Hill para ahorrar dinero. El productor les avisó de que solamente disponían de tres semanas para el rodaje y ningún extra humano, por lo que cuando en alguna escena se necesitaba a personas que caminaran por las calles, todas ellas en verdad eran familiares del equipo técnico. Un bocadillo y una cerveza, eran todo el pago que recibían.

La mitad del dinero se empleó en alquilar las cámaras de Panavision, una cuarta parte en los actores (20.000$ para Donald Pleasence y 8.000 para Jamie Lee Curtis) y el resto para los efectos y el equipo técnico, dándose la circunstancia de que John Carpenter, que hacía las veces de director, guionista, compositor del tema principal y extra eventual, solamente cobró 10.000$; hasta tuvo que prestar su viejo Cadillac en una escena del filme. Otro detalle que ilustra la tacañería del productor se refiere a las hojas de papel pintado que simulan el otoño, pues eran tratadas con delicadeza para poder ser recicladas en otras escenas. También se aprovechaban para hacer más frondosos a los árboles otoñales, aunque siempre con hojas verdes de primavera. Un fallo del decorador.

Tampoco hubo dinero para pagar a una orquesta, ni mucho menos un compositor experimentado, por lo que a cambio de nada Carpenter pidió ayuda a unos amigos músicos llamados "The Coupe Devilles" y con ellos compuso la partitura. En los créditos, no obstante, aparece que la banda sonora ha sido interpretada por "The Bowling Green Philharmonic". ¿La razón? La palabra Filarmónica siempre daba más prestigio.

Otro que hizo varios trabajos fue Tommy Lee Wallace, pues se encargó de la creación de la máscara que lleva Michael Myers, así como del trabajo de editor y diseñador de producción. Sin embargo, quien aceptó el sueldo más ínfimo fue Debra Hill, la productora, encargándose también de elaborar el guión con Carpenter, su novio por entonces, quien ajustaba el sueldo con ella entre sábanas. El título provisional era "The Babysitter Murders", escribiendo Carpenter los diálogos de Loomis, y ella los de las chicas. Como no había diálogos para la malvada criatura, decidieron dejarle mudo; así era más fácil y barato. Finalmente, como tampoco había dinero para un departamento de vestuario, los actores en el filme llevaron sus propias ropas.

Respecto a los actores también hubo muchos extras insólitos, como Mickey Yablans, el hijo de uno de los productores ejecutivos de esta película, Irwin Yablans, quien interpreta a Richie.

Además del prestigio que recogió Carpenter, la mayor beneficiada fue Jamie Lee Curtis, quien indudablemente debe todo su posterior triunfo en el cine a su debut en esta película, aunque fue la candidata especialmente por ser hija de los actores Janet Leigh y Tony Curtis.

Lo que es poco sabido es que Christopher Lee y Peter Cushing, especialistas en el cine de terror de la Hammer, rechazaron trabajar en el filme, uno como Myers y otro como el Dr. Sam Loomis, lo que indudablemente habría dado una categoría adicional al filme. El exiguo presupuesto fue la causa de este rechazo, debiendo contratar por algo menos a Donald Pleasence, quien solamente aceptó trabajar cuando le prometieron un furgón propio y un salario más alto que del resto del equipo.

Michael Myers tenía anteriormente otro nombre más sutil "The Shape" ("La forma"), pero los guionistas pensaron que eso le hacía ser más fantasmal y querían alguien más real con una historia detrás.

La desilusión para todos llegó cuando todas las grandes productoras y distribuidoras se negaron a distribuir la cinta, aunque gracias a la compañía del productor ejecutivo Irwin Yablans el filme se llegó a ver en los cines. Pero como tenían muy poco presupuesto para hacer copias de la cinta, hasta después del éxito inicial no se pudo ver el filme en todos los Estados Unidos.

Gracias al éxito que tuvo John Carpenter con este filme, los productores de la película "La cosa" le eligieron para dirigirla, pero en un principio dudaron de su capacidad y llegaron a ofrecérsela a Tobe Hooper. Aunque los productores le obligaron a trabajar en las siguientes entregas, sólo realizó el guión de la segunda parte y fue el asesor en la tercera.

Jamie Lee Curtis

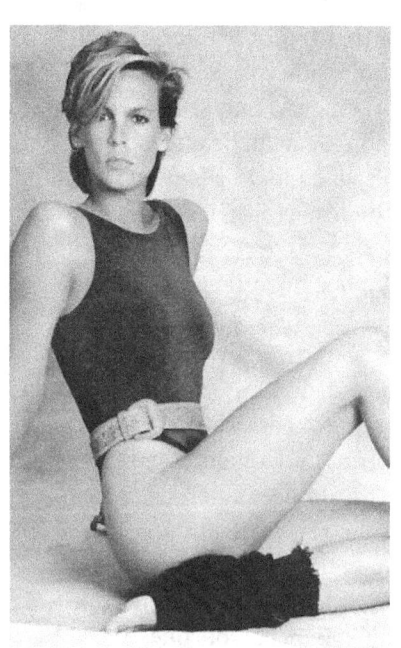

Nació el 22 de noviembre de 1958, en Los Ángeles, California, y cursó sus estudios en la Universidad del Pacífico, Stockton, California.

Esta larguirucha estrella del cine, sumamente eficaz como actriz y poseedora de un escultural cuerpo, es hija de las estrellas Tony Curtis y Janet Leigh. Cuando efectuó su entrada en el cine nadie presagiaba su posterior gran triunfo, pues aquel filme en donde interpreta a una adolescente que se ve involucrada en una historia de terror dirigida por John Carpenter, titulada "La noche de Halloween", no era precisamente la mejor carta de recomendación. Con anterioridad a esta experiencia había realizado algunas suplencias en las series de televisión "Colombo" y

"Fantasy Island", así como un pequeño papel secundario como una de las cinco enfermeras de un submarino de la Armada en la serie cómica "Operation Petticoat" (1977-78.)

Esta actriz ha conseguido reunir el suave encanto de su madre y la sensualidad de niño bonito de su padre, uniendo a ambos una mirada de buena chica. Físicamente Jamie ha tenido siempre un aspecto algo andrógino, con el cual ha conseguido una combinación corporal poco habitual, con un formidable atractivo sexual.

Su carrera en el cine surgió a muy temprana edad cuando fue elegida como sucesora más moderna de Fay Wray y Evelyn Ankers en papeles de heroína en películas de terror, algunas de ellas de pésimo recuerdo y otras, como "La niebla" y "La noche de Halloween", que son ya clásicos del cine.

Afortunadamente, Curtis también consiguió triunfos un poco más serios y durante algún tiempo se la conoció como "Reina de Creepies" y "Reina de Crud," cuando efectuó un giro romántico a su carrera con "Cartas de amor" (1983.) Otro nuevo giro lo daría cuando hizo de prostituta buena en "Entre pillos anda el juego" (1983.)

En los últimos años ha conseguido tener un buen olfato para la comedia y aunque hay algunos críticos que la pusieron el apodo de "El Cuerpo" (refiriéndose a su figura curvilínea que los productores gustan de mostrar con poca ropa o con desnudos esbozados), lo cierto es que su atractivo físico está ya unido a su calidad como actriz.

"Death of centerfold: The dorothy stratten story" (1981), fue una película para la televisión que usó esa virtud anatómica suya apropiadamente y en ocasiones conmovedoramente, éxito que no fue revitalizado por el fracaso crítico y popular de "Perfect" (1985), filme que perjudicó seriamente su carrera ascendente durante unos años. Curtis continuó, no obstante, muy ocupada con su trabajo y aportó personajes muy extraños en "La voz del silencio" (1987) y "La fuerza de un ser menor" (1988), antes de dedicarse ya por entero al género de la comedia cuando se convirtió en la más seductora de las actrices con "Un pez llamado Wanda" (1988).

También consiguió bastante respeto por su trabajo en la agradable serie cómica junto a Richard Lewis, "Anything But Love" (1989-92), que aunque nunca consiguió un triunfo de público espectacular, fue suficiente para que fuera repuesta varias veces en la cadena ABC.

Acercándose un poco al estilo de las comedias de los años treinta, emulando a sus padres, Curtis hizo de una madre joven y amable en "My girl" (1991) y "Eternamente joven" (1992.) En 1994 su trabajo que parecía estancado tuvo un giro inesperado y muy beneficioso cuando interpretó "Mother´s boys", de escaso reconocimiento en taquilla, y continuó con el gran éxito de "Mentiras arriesgadas".

En estos momentos es ya una actriz de valor seguro en taquilla, como lo demuestró su película "Criaturas feroces", afianzándose como una estupenda actriz de comedia que dispone, además, de una figura envidiable a sus cuarenta y tantos años.

Está casada con el actor y director Christopher Guest.

Filmografía esencial:

La noche de Halloween (1978)
La niebla (1980)
Entre pillos anda el juego (1983)
Un pez llamado Wanda (1988)
Eternamente joven (1990)
Mentiras arriesgadas (1993)
Criaturas feroces (1996)
H20 (1998)
Ponte en mi lugar (2003)
Una navidad de locos (2004)

LA NOCHE DE HALLOWEEN
Halloween (1978)

Productor: Debra Hill
Director: John Carpenter
Guión: Debra Hill y John Carpenter
Fotografía: Dean Cundey
Compositor: John Carpenter

Intérpretes:
DONALD PLEASENCE: Dr. Loomis
JAIME LEE CURTIS: Laurie
NANCY LOOMIS: Annie
P.J. SOLES: Lynda

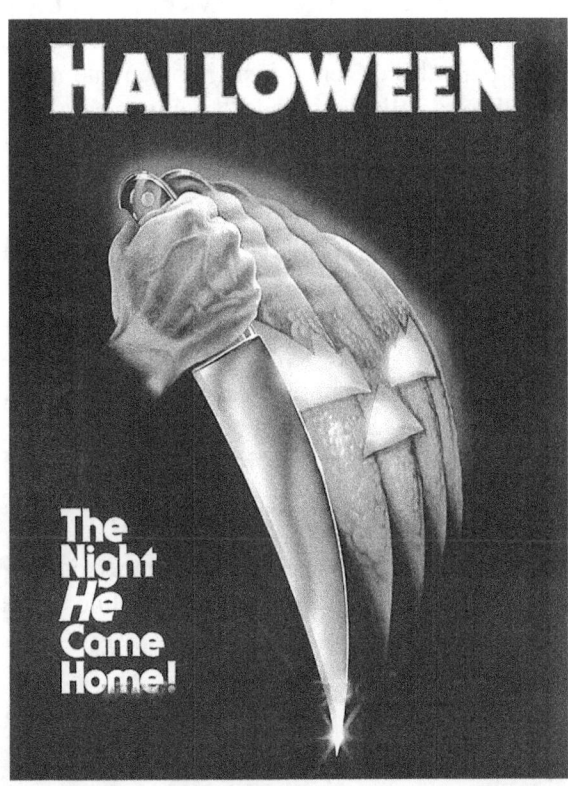

Supuso la presentación en público de una desconocida Jamie Lee Curtis, quien estuvo de suerte dada la buena acogida que esta película tuvo entre los aficionados. Aunque el terror no sea propiamente de ultratumba sino a base de un cruel asesino, la película lleva al espectador donde en realidad desea estar, junto a las víctimas, contagiándose el terror entre ambos.

La trama es tan sencilla como efectista: un psicópata asesino, Michael Myers, solamente puede calmar sus ardores matando sin piedad a guapas muchachas, algunas de las cuales incluso se muestran desnudas ante él ignorantes del destino que las aguarda.

Halloween es un experimento visceral para probar la capacidad de reacción del espectador, experiencia que también se ha efectuado con "La matanza de Texas" y "Viernes 13". Lo que básicamente se pretende es asustar, a cualquier precio. Si a usted no le gustan las películas de terror insistimos en que no la vea. Si insiste, aquella otra película titulada "La última casa a la izquierda" le parecerá ya un cuento infantil.

Hubo una gran cantidad de personas que escribieron a los diarios preguntándoles cómo era posible que apoyaran semejante basura. El resultado de esas cartas no fue el deseado, puesto que generaron un mayor interés hacia el filme. La conclusión de esto es sencilla: el terror visceral, con matanzas sangrientas, sigue siendo comercial, pues hay numerosas personas que, paradójicamente, disfrutan más cuanto más miedo sienten. Reconocemos la habilidad de algunos directores, como es el caso de John Carpenter, para asustarnos, pues eso demuestra que conocen bien las debilidades del ser humano.

En el año 1999 Jamie Lee Curtis retomó a su personaje y realizó una correcta secuela que fue exhibida con el título de "H20".

HALLOWEEN 2: LA PESADILLA AÚN NO TERMINA
Halloween 2 (1981)

Director: Rick Rosenthal
Guión: John Carpenter, Debra Hill

Intérpretes:
JAMIE LEE CURTIS: Laurie
DONALD PLEASENCE: Samuel
CHARLES CYPHERS: Sheriff Leigh

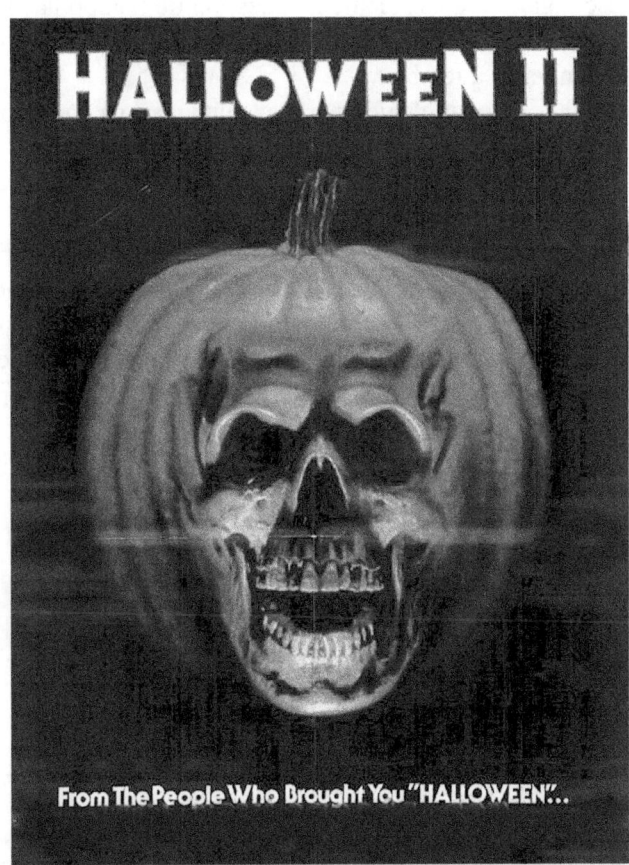

Nunca segundas partes fueron buenas –dice un refrán- y nuevamente tienen razón, a pesar de los aciertos del filme. Los sustos
son abundantes, ingeniosos y horrendos, y en ocasiones casi pre-
ferimos no respirar, no vaya a ser que el asesino perciba nuestra
presencia desde la pantalla, pero no son frecuentes y el tedio se
instaura finalmente.

Bien, una de las primeras secuencias comienza con la música de
Carpenter, ahora ya famosa, y una calabaza que se transforma
despacio en la cara enfadada de Michael, como indicándonos
que ya no habrá más pausas para el relax. La historia empieza la
misma noche de la Víspera de Todos los Santos, con Laurie en el
hospital y una cacería para encontrar a Myers. Ella se cree segura en ese lugar, pero es solamente cuestión de tiempo hasta que
Michael Myers averigüe dónde está. Cuando lo hace, todo el
mundo comienza a temblar.

El hospital es el lugar elegido para las matanzas, ya que es oscuro y silencioso, además de estar vacío, y dispone de largos ves-
tíbulos para que podamos ver cómo Michael caza a sus presas,
un total de 86 víctimas.

Rick Rosenthal intentó seguir asombrando al espectador imitan-
do el estilo de Carpenter, lográndolo en un par de secuencias:
una es cuando Michael aparece desde la oscuridad en un cuarto
para atacar a su víctima, con una escueta y perfecta iluminación.
La segunda es cuando ataca a una de las enfermeras mientras
Laurie mira impotente desde la distancia.

HALLOWEEN III: SEASON OF THE WITCH (1982)

Dirección y guión: Tommy Lee Wallace

Intérpretes:
TOM ATKINS: Daniel
STACY NELKIN: Ellie
DAN O'HERLIHY: Conal

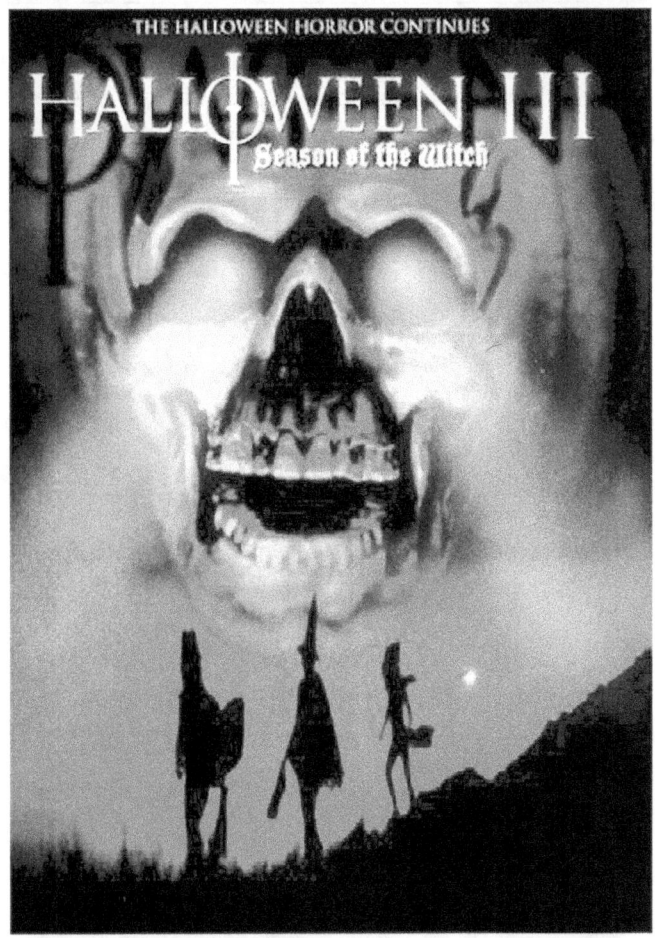

En esta tercera entrega John Carpenter ejerce como productor, en un intento por conseguir que la serie fuera ahora más psíquica que física, con menos sangre y más sustos oscuros. Increíblemente, los fans votaron por más de lo mismo (sangre y asesinatos directamente filmados) y Carpenter se negó a continuar por ese camino.

Después de la muerte misteriosa del dueño de una juguetería, Daniel y la hija del difunto investigan la comunidad californiana Santa Mira, un pueblo propiedad de una compañía minera.

Atkins y Nelkin son los protagonistas de esta barata película con luces opacas y muchos golpes. Como novedad hay sacrilegios, buscadores de tesoros, hechizos, magias, brujas y serpientes, todo ello dentro de una atmósfera adecuada para producir escalofríos.

La música es de corte clásico, la narración original y hasta cuenta con algunos efectos especiales loables en las escenas sangrientas. ¿Cuál es el problema, entonces? Que no está Michael Myers.

HALLOWEEN IV, EL RETORNO DE MICHAEL MYERS
Halloween 4: The return of Michael Myers (1988)

Director: Dwight H. Little
Guión: Danny Lipsius

Intérpretes:
DONALD PLEASENCE: Samuel
ELLIE CORNELL: Rachel
DANIELLE HARRIS: Jamie

¡Menos mal! -gritaron eufóricos los aficionados cuando los títulos les aseguraban que Myers volvía de nuevo-. Hacía ya 10 años desde los primeros asesinatos, pero ahora nos dicen que el 30 de octubre de 1988, en la prisión de máxima seguridad de Ridgemont, Michael Myers ha estado en un coma durante esos 10 años. Despertado casi accidentalmente, se escapa de la ambulancia dejando atrás a cuatro personas muertas, volviendo a Haddonfield para matar a otros muchos. Allí no está ahora Laurie Strode, porque presumiblemente ha muerto, aunque en su lugar nos muestran a su sobrina de siete años Jamie Lloyd que vive con una familia adoptiva. La niña aguanta la mayor parte de los sustos del filme, por lo que tenemos que soportarla siempre disgustada, chillando o llorando por algo.

Myers vuelve de nuevo en la Víspera de Todos los Santos, y está seriamente enfadado porque sus habitantes lo sacaron de allí, así que Loomis debe ir a Haddonfield para intentar detenerle. El viaje no es fácil porque se encuentra con Michael en una gasolinera, donde comienzan las explosiones y matanzas.
¿Michael ha renacido con mayor experiencia o está solamente más loco? La acción transcurre después de Halloween y nos parece estar viendo un mundo diferente. La escena cumbre es cuando vemos a Michael Myers quemándose y unos bomberos intentando apagar el fuego mientras que Loomis les grita que le dejen abrasarse. Afortunadamente no lo consiguieron y por eso pudimos verle después en otras películas.

HALLOWEEN V, LA VENGANZA DE MICHAEL
Halloween 5: The revenge of Michael Myers (1989)

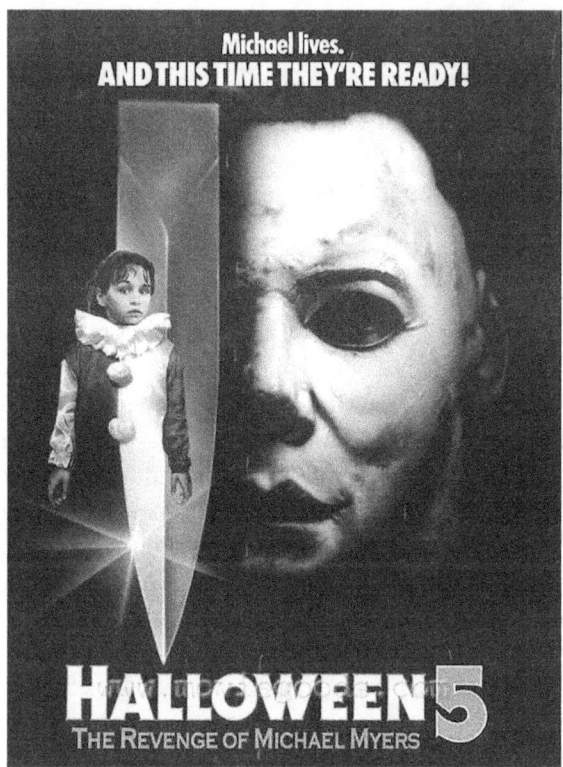

Director: Dominique Othenin-Girard
Guión: Shem Bitterman

Intérpretes:
DANIELLE HARRIS: Jamie
ELLIE CORNELL: Rachel
DONALD PLEASENCE: Sam Loomis

Si han visto la última entrega podrían asegurar que Michael Myers murió y nosotros damos testimonio de ello. Pero no amigos, pues ahora le vemos en dirección a la casa de un ermitaño viejo, y en una escena similar a "La maldición de Frankenstein" en lugar de matarle le perdona la vida.

Un año después, el 30 de octubre de 1989, Jamie tiene ahora 9 años, y es una paciente en el Hospital Infantil de Haddonfield. Jamie mató a su madre adoptiva en la noche de la Víspera de Todos los Santos, hace un año, por lo que se ha quedado muda, aunque conserva la rara habilidad de presentir la llegada de Myers. Una noche comienzan los asesinatos y entonces la niña vuelve a hablar, más concretamente a gritar de horror, pues avisa a todos de la presencia de ese ser demoníaco.

En las escenas finales la niña invita a Myers a quitarse la máscara y cuando lo hace aparece lo que ella considera una lágrima. Cuando quiere limpiársela él intenta matarla, y lo hubiera conseguido si la presencia del Dr. Loomis no se lo hubiera impedido.

HALLOWEEN VI, LA MALDICIÓN DE MICHAEL MYERS
Halloween: The curse of Michael Myers (1995)

      Director: Joe Chappelle
      Guión: Debra Hill
      Basada en los personajes de: John Carpenter

Intérpretes:
      DONALD PLEASENCE: Samuel
      PAUL RUDD: Tommy
      MARIANNE HAGAN: Kara

La noche de Halloween se acerca, pero la ciudad se siente tranquila ya que Michael Myers está encerrado en un psiquiátrico. Lo que no sospechan es que, después de 15 años, ha conseguido escapar. 1989 fue la última vez que se vieron juntos Michael Myers y su sobrina, y ahora ella da a luz a un niño en la noche del 30 de octubre de 1994 que es arrebatado por un fanático para realizar un ritual mágico. Afortunadamente, una enfermera

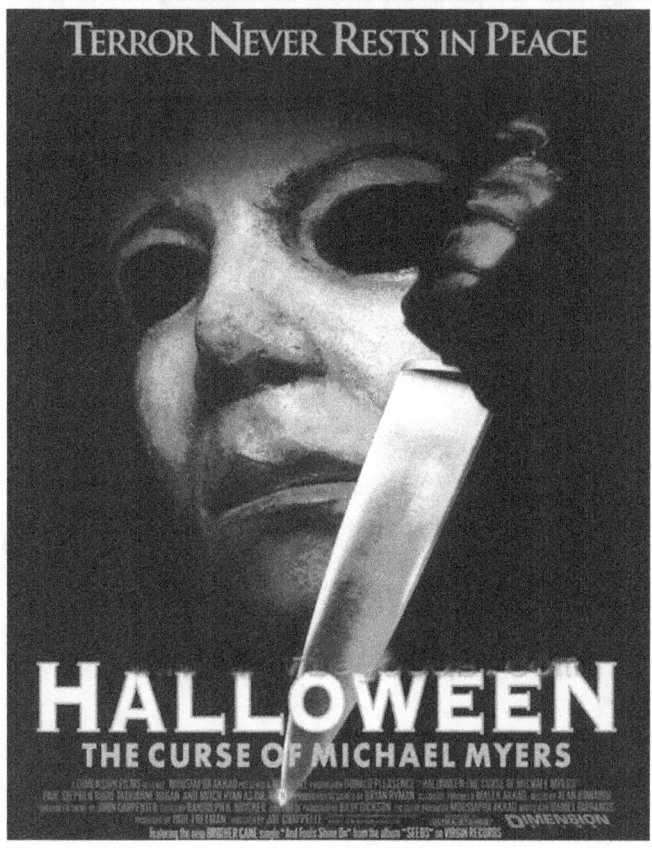

se apiada del bebé y se lo devuelve, ayudándola a escapar, aunque paga con su vida su arrojo al ser asesinada por Michael Myers. Posteriormente, Jamie en su huida logra la colaboración de un camionero, la nueva víctima del asesino, debiendo ella tomar el volante hasta una estación de autobuses, en donde logra esconder a su bebé en el servicio.

Disfrute a tope, sangre en abundancia, y un guión discretamente correcto de Hill.

HALLOWEEN H20, 20 AÑOS DESPUÉS

Director: Steve Miner
Fotografía: Daryn Okata

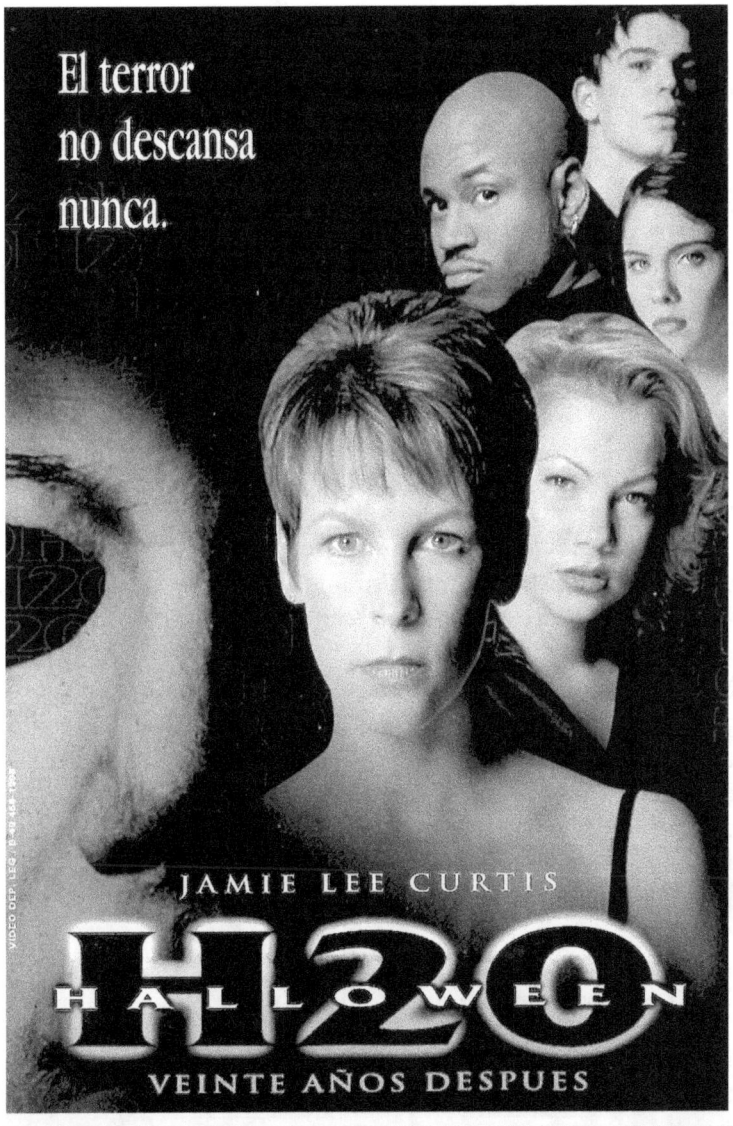

Intérpretes:
>   JAMIE LEE CURTIS: Keri Tate
>   MICHELLE WILLIAMS:
>   ADAM HANN-BYRD
>   JODI LYN O'KEEFE
>   JANET LEIGH

Parecía increíble, para ya tenemos, muchos años después, de vuelta al malvado enmascarado Jason intentando matar a la única persona que ha podido librarse de él, la sagaz y bella Laurie. Ya sabemos que Lee Curtis se hizo famosa no por ser hija de Tony Curtis y de Janet Leigh, sino más que nada por su gran habilidad dando gritos estremecedores. Los dio en "La noche de Halloween" y también en "La niebla", por lo que a no ser que se hubiera quedado afónica en esta nueva secuela, seguro que sigue conservando su gran habilidad para aterrorizarnos.

Dice que fue un honor el que contaran con ella para esta nueva entrega de terror, casi veinte años después de la primera, y aún más que también lo hicieran con su madre Janet Leigh, fallecida en 2004. Sin tener en cuenta la imagen que de ella tiene actualmente el espectador más joven, tan seductora y sexy, nos quiere demostrar que puede volver a su juventud, aunque en esta ocasión es una madre madura que ejerce como profesora en una escuela privada y tiene un hijo de 17 años.

Nuestro amigo Jason es invencible, no sabemos cómo lo consigue, pero ahora quiere arreglar viejas cuentas del pasado y comienza por hacer una masacre a unos jóvenes que han decidido irse de camping sin darse cuenta del cruel destino que les espera.

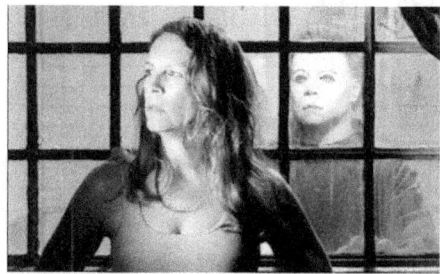

DOOM
2005

Director: Andrzej Bartkowiak
Historia y guión: Dave Callaham

Intérpretes:
DWAYNE JOHNSON: Sarge
KART URBAN: John Grimm
ROSAMUND PIKE: Samamtha Grimm
DEOBIA OPAREI: Destroyer
BEN DANIELS: Goat

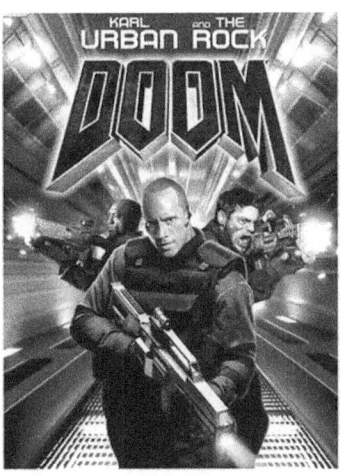

Algo ha salido mal en esa remota estación de investigación científica en Marte. Todo está destartalado, las comunicaciones han cesado, y cuando consiguen entrar lo que ven les desorienta y aterra aún más. Para lograr esclarecer los hechos y aislar a los responsables, un equipo bien armado de Marines establece una cuarentena para que nadie entre o salga de la estación. Ellos poseen armas modernas y una buena preparación, pero su enemigo es mucho más poderoso de lo que pensaban.

Dwayne "The Rock" Johnson es la estrella de este filme de tensión desenfrenada, en el papel del dirigente de la escuadra de acción rápida que debe contener a unos mutantes tenebrosos, rápidos y despiadados. Sin embargo, al poco tiempo el guión resulta inaceptable para el espectador, quien al menos consigue no despegar los ojos de la pantalla gracias a que la sangre salpica desde el primer momento el patio de butacas, y como eso es lo que buscamos en una película de terror, pues todos contentos. Los 20 minutos finales, con la cámara en tercera persona, son un homenaje al videojuego que dio lugar a este filme.

ÍNDICE

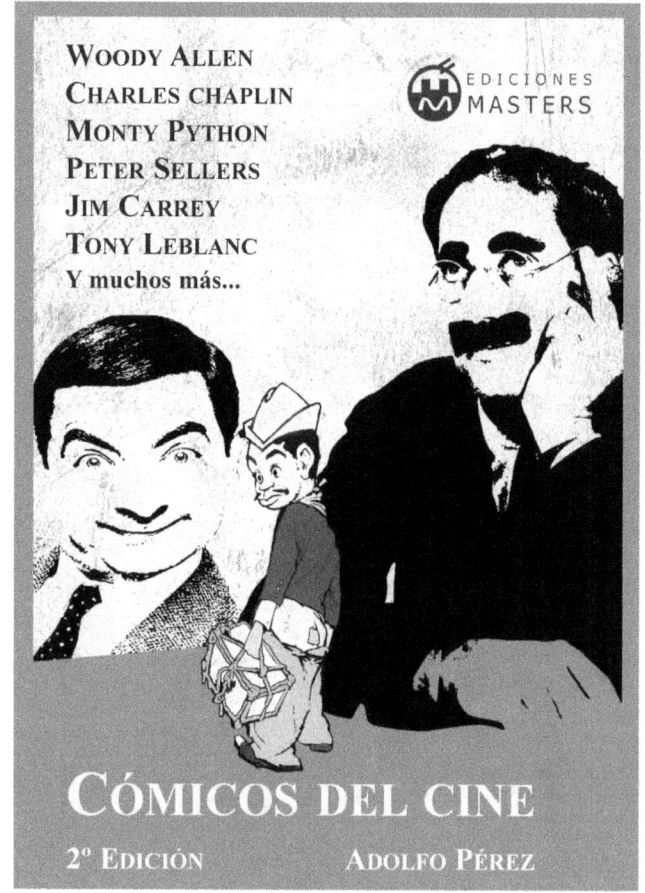

CÓMICOS DEL CINE
(2ª edición)
84-933186-6-3
210x140 mm 520 pág.

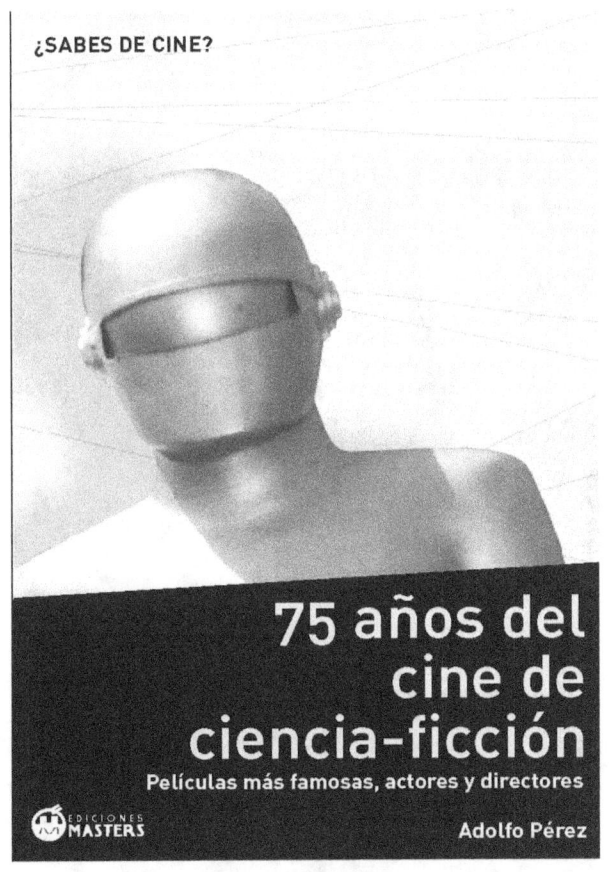

¿SABES DE CINE?

75 años del
cine de
ciencia-ficción
Películas más famosas, actores y directores

EDICIONES
MASTERS

Adolfo Pérez

75 AÑOS DEL CINE DE CIENCIA- FICCIÓN
(2º Edición)
84-920232-5-2
210x140 mm
516 páginas

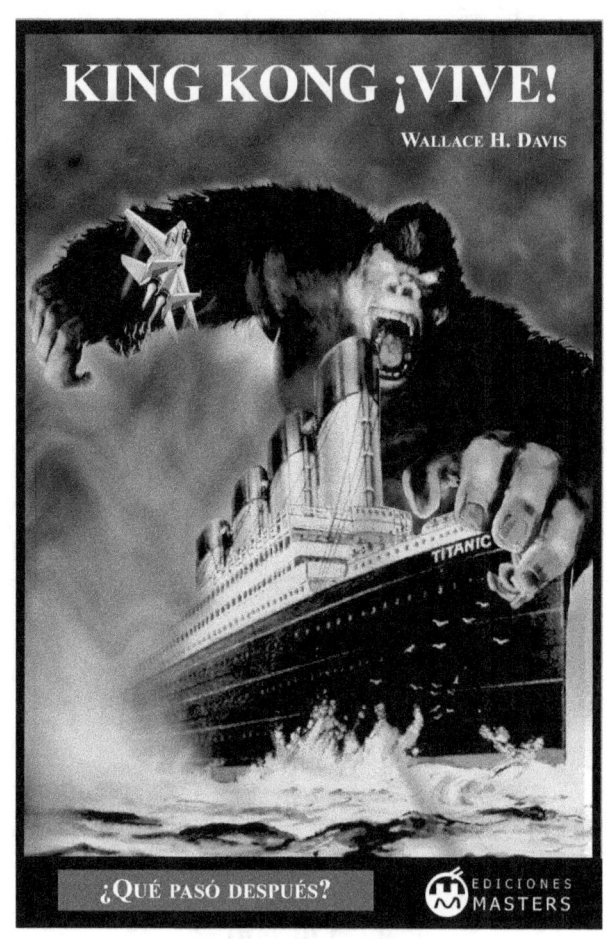

¡KING KONG VIVE!
ISBN:84-96319-28-8
210x240 mm

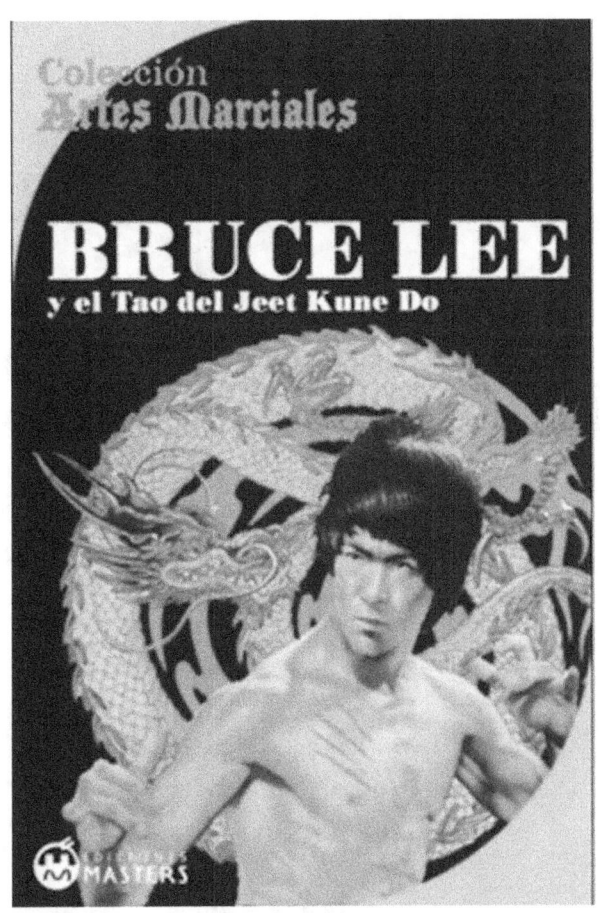

**BRUCE LEE
Y EL TAO DEL JEET KUNE DO**
232 páginas
210x240 mm

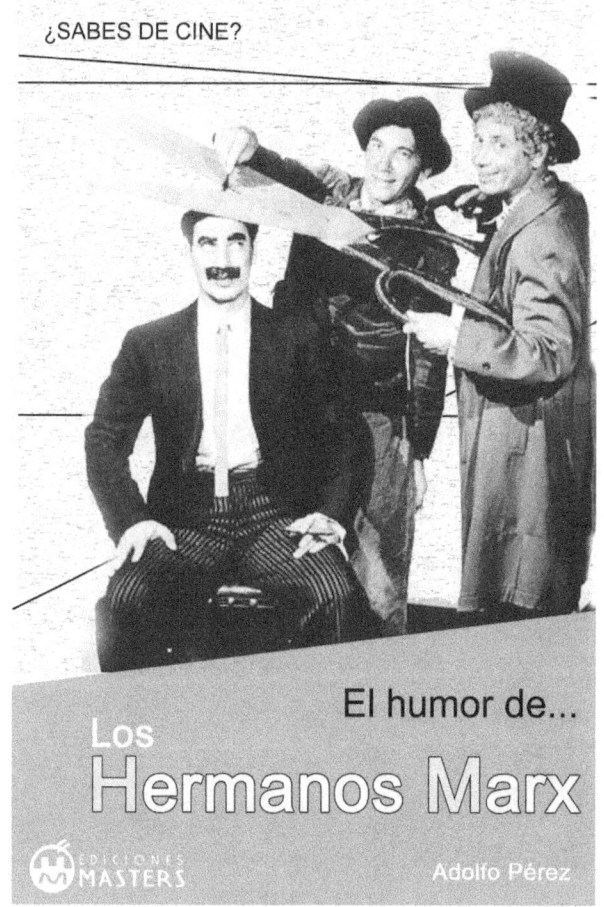

¿SABES DE CINE?

El humor de...
Los
Hermanos Marx

EDICIONES
MASTERS

Adolfo Pérez

El humor de…
LOS HERMANOS MARX
ISBN:84-96319-19-9
210x140 mm
180 páginas

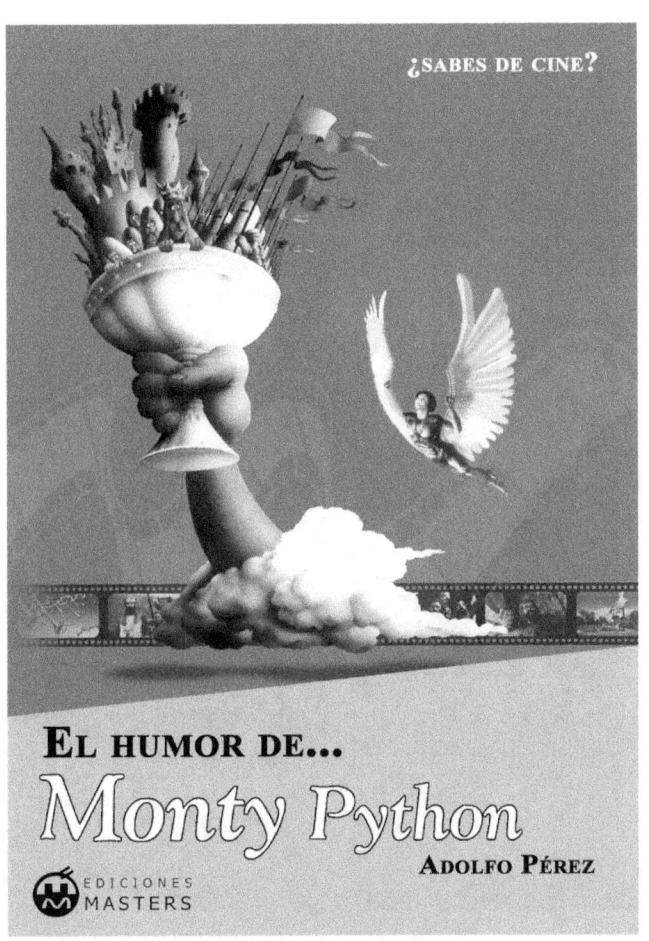

¿SABES DE CINE?

EL HUMOR DE...

Monty Python

ADOLFO PÉREZ

EDICIONES
MASTERS

**El humor de
MONTY PYTHON**
210x140 mm
184 páginas

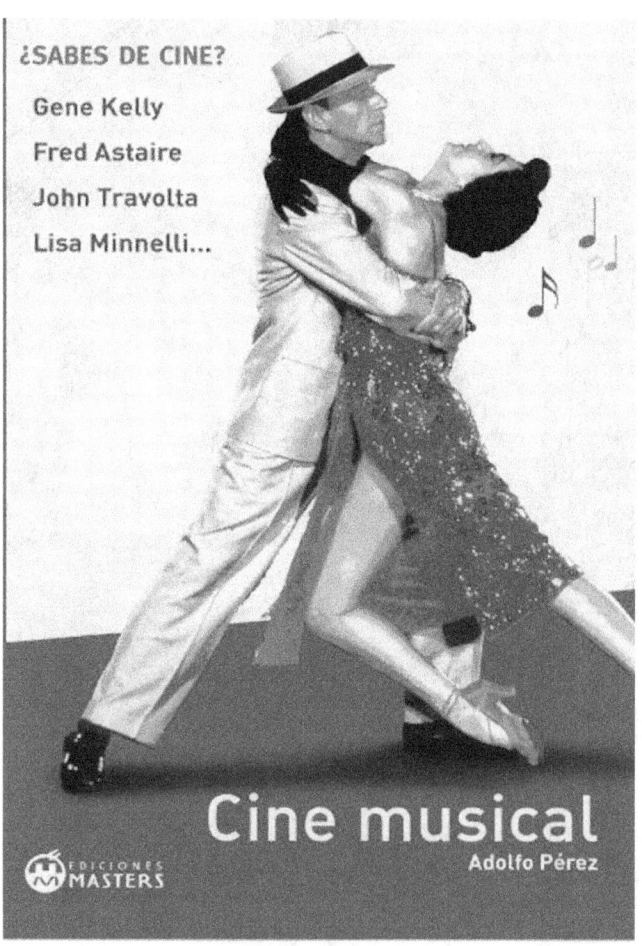

¿SABES DE CINE?

Gene Kelly
Fred Astaire
John Travolta
Lisa Minnelli...

Cine musical
Adolfo Pérez

EDICIONES
MASTERS

CINE MUSICAL
84-933186-5-5
210x140 mm
456 páginas

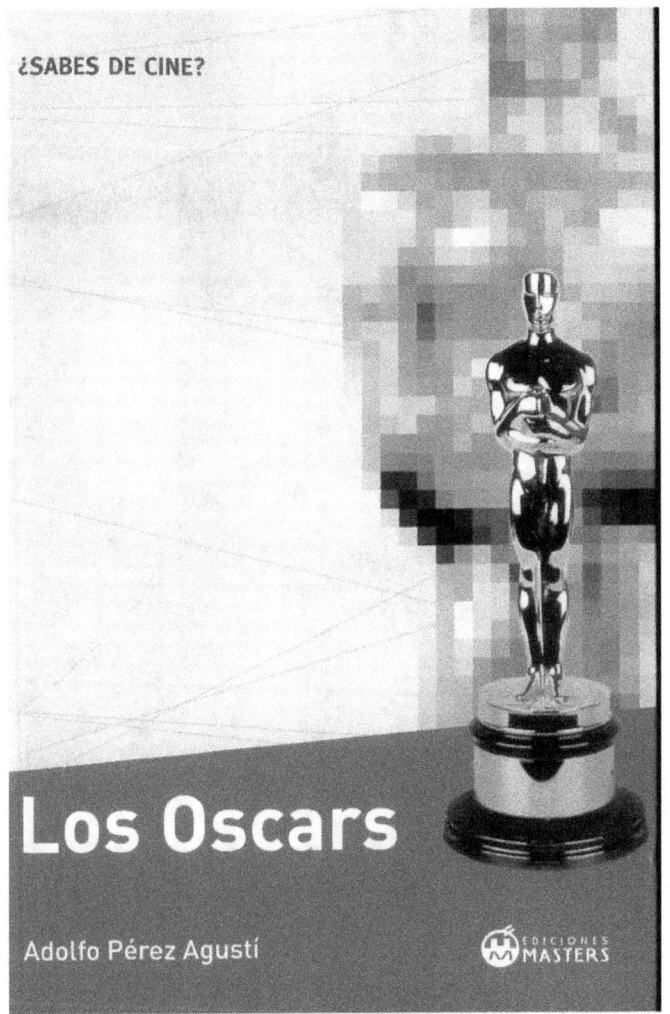

Los Oscars

Adolfo Pérez Agustí

EDICIONES
MASTERS

LOS OSCARS
ISBN: 84-933186-4-7
210x140 mm
450 páginas

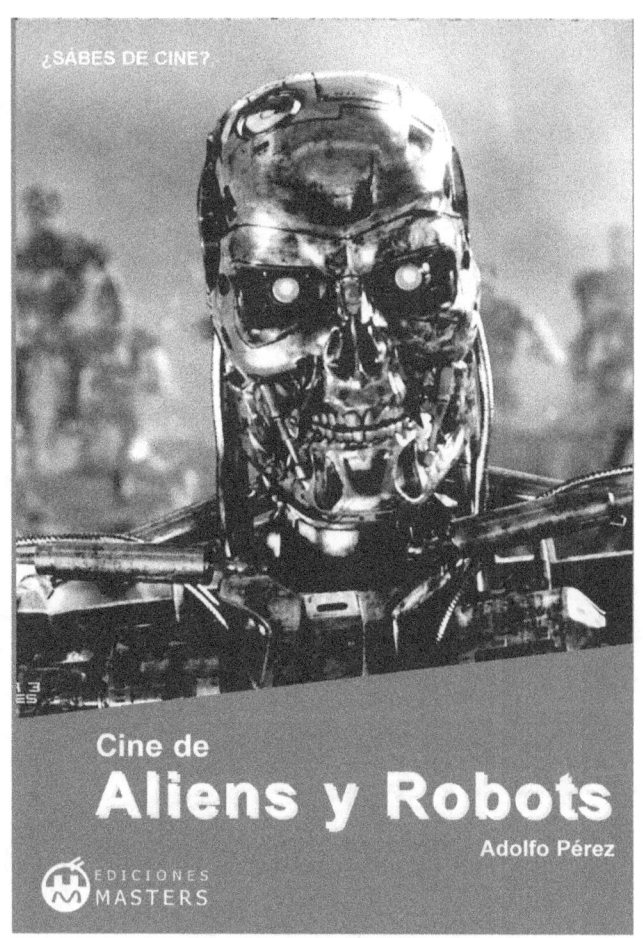

CINE DE ALIENS Y ROBOTS
ISBN:84-96319-26-1
210 x140 mm
236 páginas

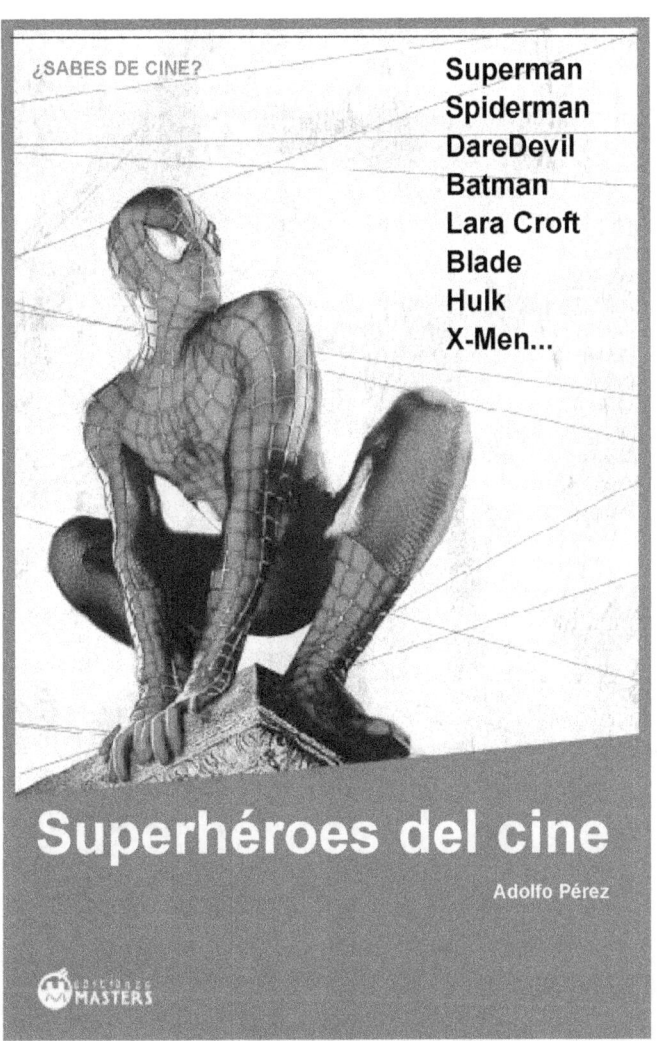

¿SABES DE CINE?

Superman
Spiderman
DareDevil
Batman
Lara Croft
Blade
Hulk
X-Men...

Superhéroes del cine

Adolfo Pérez

EDICIONES
MASTERS

SUPERHÉROES DEL CINE
84-933186-2-0
(2ª edición)
210x140 mm 350 páginas

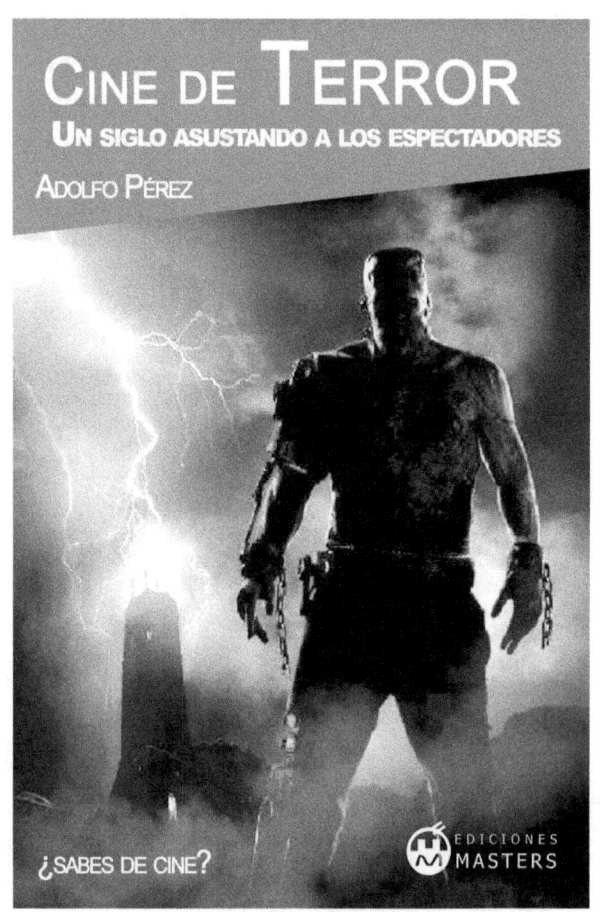

75 AÑOS DEL CINE DE TERROR
84-920232-8-7
(2ª edición)
235x165 mm 410 pág.

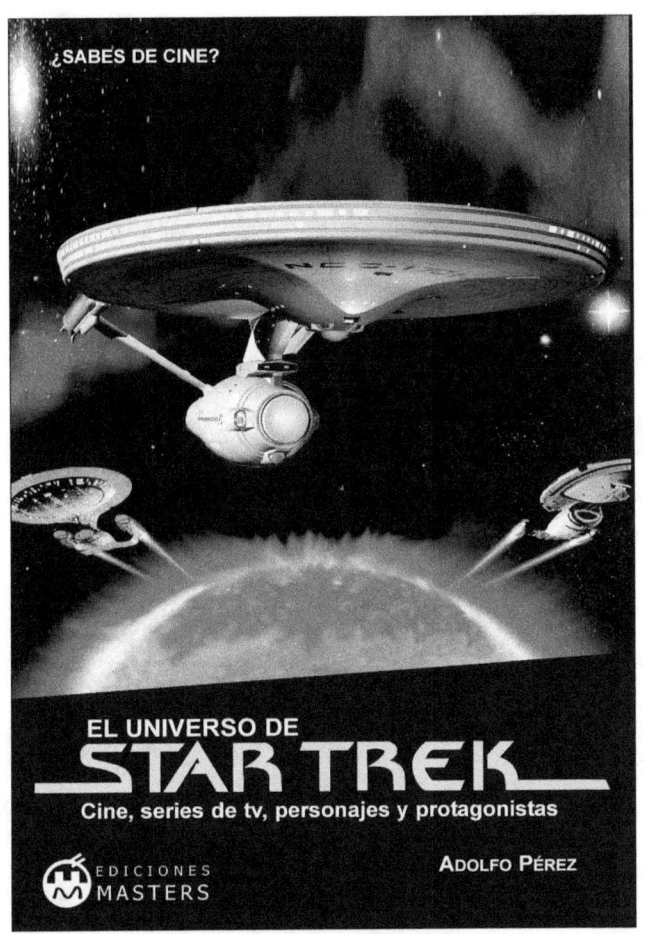

El universo de STAR TREK
84-933186-3-9
(2ª edición)
210x140 mm 304 pág.

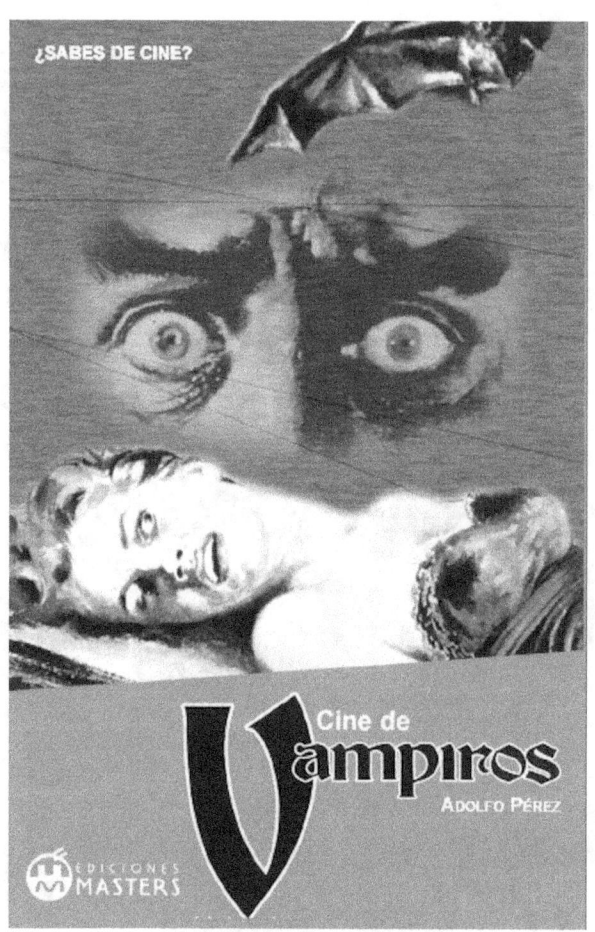

CINE DE VAMPIROS
ISBN: 84-96319-17-2
210x135 mm
186 páginas

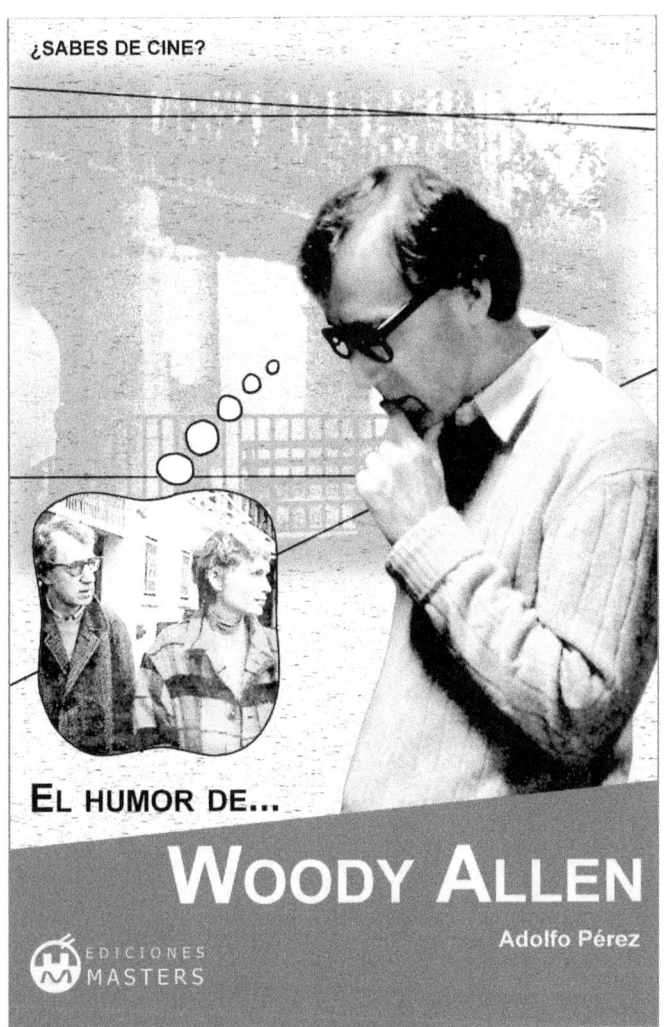

El humor de...
WOODY ALLEN
176 pág.
210x140

www.ingramcontent.com/pod-product-compliance
Lightning Source LLC
Chambersburg PA
CBHW051454170526
45166CB00001B/235